走出思想的边界

knowledge-power
读行者

中国是从哪里来的

通史篇 ②

胡阿祥 等 著

图书在版编目（CIP）数据

中国是从哪里来的 . 通史篇 .2 / 胡阿祥等著 . -- 长沙：岳麓书社，2024.7
ISBN 978-7-5538-2092-7

Ⅰ.①中… Ⅱ.①胡… Ⅲ.①中国历史—通俗读物 Ⅳ.① K209

中国国家版本馆 CIP 数据核字（2024）第 101277 号

ZHONGGUO SHI CONG NALI LAI DE.TONGSHI PIAN.2
中国是从哪里来的 . 通史篇 .2

著　　者：胡阿祥 等
责任编辑：丁　利
总 策 划：谭木声
监　　制：秦　青
策划编辑：康晓硕
营销编辑：柯慧萍
封面设计：崔浩原
版式设计：李　洁
内文排版：麦莫瑞
岳麓书社出版
地址：湖南省长沙市爱民路 47 号
直销电话：0731-88804152　88885616
邮编：410006
2024 年 7 月第 1 版　2024 年 7 月第 1 次印刷
开本：680 mm × 955 mm　1/16
印张：18
字数：207 千字
书号：ISBN 978-7-5538-2092-7
定价：58.00 元
承印：三河市天润建兴印务有限公司

若有质量问题，请致电质量监督电话：010-59096394
团购电话：010-59320018

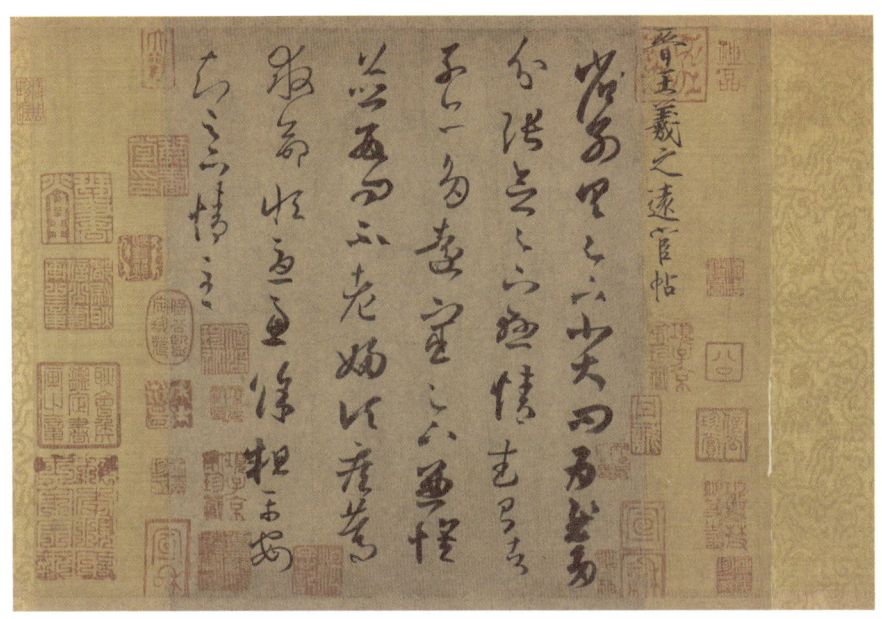

王羲之《远宦帖》（东晋）

顾野王《天目云海图》（南朝·陈）

钱选《杨贵妃上马图》（宋末元初）

北魏武士俑

云冈石窟第20窟（开凿于北魏）

张萱《捣练图》(唐)

张萱《虢国夫人游春图》(唐)

黄筌《竹林鹁鸽图》（五代十国·后蜀）

目录 Contents

第一章　魏晋南北朝
——乱世与异象

回望魏晋南北朝 /002

"三国",哪三国? /009

三国鼎立的由来 /016

全本魏晋禅让大戏 /024

八王之乱 /032

"超级导演"王导 /040

犹有诗酒雅集 /048

"菩萨皇帝"萧衍 /056

陈朝兴亡 /064

五胡归华夏 /073

孝文迁都与太子之死 /081

开启隋唐的英雄们 /089

《世说新语》:"名士底教科书" /097

《颜氏家训》:古今家训之祖 /105

《荆楚岁时记》:民众节日的写真 /113

第二章　隋唐五代
——一统化王朝的再形成

统一的再现与隋朝的灭亡 /122

唐朝的建国之路 /128

唐朝前期的南北兼容 /136

丝绸之路与封贡关系 /142

安禄山叛乱的诱因与结果 /149

士庶群体的嬗变 /156

制度化建设与专业性治理 /162

国家衍变与族群活动 /168

唐朝的解体与法统的延续 /175

两税法和宫市：了解唐代经济的两条途径 /181

从唐传奇和宋人笔记小说看唐代历史 /188

唐代女性的家庭生活与社会地位 /197

唐代科举制度下的文人 /205

外来文化对唐代百姓生活的影响 /213

道教、佛教、三夷教与唐朝政治的关系 /221

唐代艺术的独特魅力 /229

何谓五代十国？ /237

都城与地气：东北亚格局的变迁 /244

豪门世家的陨落与统治阶级的更新 /252

温柔的告别：文学与艺术 /262

故国何须回首：走向统一的道路 /268

第一章 魏晋南北朝

乱世与异象

回望魏晋南北朝

文：胡阿祥

　　魏晋南北朝，那是一段怎样的历史？是铁马秋风、壮阔的北方与杏花春雨、如梦的江南的对抗；是到处刀光剑影，时常改朝换代；是血与火凝结成的一段乱世历史。

　　魏晋南北朝，那是一个怎样的时代？是民族兴衰、人口迁移、门阀政治、阶层歧视；是百家争鸣、儒玄佛道、嗜酒服毒、行为怪诞；是泪水与笑声搅拌成的一个异象时代。

　　乱世与异象，是我眼里的魏晋南北朝。

　　我常想，如果今天的人们穿越时空，回到秦汉，可能不太觉得陌生，因为秦汉的中央集权、地方郡县、以法治国、独尊儒术，其立制精神在今天依然没变；今天的人们穿越时空，回到隋唐，可能也有熟悉的感觉，隋朝厉行改革，大唐盛世繁荣，而今天的盛世也在进行着深度的改革。然而，如果我们穿越到魏晋南北朝，就真的会感觉非常陌生，我们会奇怪中国历史上怎么会有这样"出轨"的时代。有趣的是，"出轨"的魏晋南北朝也引发了古往今来人们的思考与追慕，所谓差异产生美，就是这个道理吧。如此，让我们回望魏晋南北朝。

三个阶段、四个系统

从历史纪年来说，魏晋南北朝起于公元220年曹丕代汉称帝，止于公元589年杨坚灭陈统一，合计369年。在这300多年的时间里，在中国内地农耕社会的地域范围内，建立过许多大大小小的政权，如曹魏、蜀汉、孙吴、西晋、东晋、十六国、宋、齐、梁、陈、北魏、东魏、西魏、北齐、北周。这些政权，总称为三国两晋南北朝；若以曹魏代表三国，又称为魏晋南北朝。如果我们进一步细分，魏晋南北朝又包括三个阶段、四个系统。三个阶段指分裂的三国、统一的西晋、分裂的东晋十六国南北朝，四个系统指分裂的三国、统一的西晋、南方的东晋南朝、北方的十六国北朝。另外，还有"南六朝""北六朝"的说法，即把建都今南京的孙吴、东晋、宋、齐、梁、陈合称为"六朝"，这是所谓的"南六朝"；而把同时在北方相继建都的曹魏、西晋、北魏、北齐、北周、隋也称为"六朝"，这就是"北六朝"，"北六朝"的说法较多地用于旧时的文学史。日本学者又习惯把起自三国、止于隋统一的历史时期泛称为"六朝"时期，这样"六朝"就南北兼指，大体等同于魏晋南北朝了。

六大时代特征

上面绕来绕去的说法,也许已经把大家绕糊涂了,其实这种感觉是对的,魏晋南北朝时代的最大特点就是一个"乱"字。其时风云变幻,朝代递嬗,史实极为复杂,真是让人目乱神迷。

那么,究竟怎样理解这个中国历史上让人目乱神迷的大乱世呢?抛开具体琐碎的史实,立足于与前面的秦汉、后面的隋唐进行宏观比较,我归纳了魏晋南北朝时代的六大特征。

其一,深层的分裂局面。魏晋南北朝时代,真正意义上的统一仅历时21年,即从公元280年司马氏灭吴,到公元301年"八王之乱"全面爆发。而即便是这21年,西晋也没有恢复东汉盛时的版图。西晋以前,有三国的鼎立;西晋以后直到隋朝统一,长江流域与黄河流域始终分属不同的政权,黄河流域更是始终存在着两个以上的政权,甚至同时有十几个政权存在。在政局或南北分裂或东西对峙或地区割据的长期影响下,各个地域的经济、文化、学术、政治也逐渐"地域"色彩浓厚,"地域"独立趋势加强。地域意识的强化与地域传统的生成,也是一种"分裂",而且是一种深入骨髓的心理分裂。即便是在

南梁萧绎《职贡图》(宋代摹本)。描绘了来南梁朝贡的三十余国使者的形象,展示了当时朝贡体制的运作情形

第一章 魏晋南北朝——乱世与异象 005

同一个政权的内部,也有着堪称常态的中央与地方的争衡、地方与地方的对抗,这也进一步加深了魏晋南北朝的大分裂局面。

其二,复杂的民族关系。四周的边疆民族或者南下、北上,或者东进、西入,造成民族成分复杂,民族之间的自然融合与强制融合加速,民族战争不仅剧烈,而且残酷,统治民族也如走马灯一样频繁更替。这个时代,北方地区的主角逐渐变成了入主的"五胡"与留居的汉族,在北方地区整体"胡化"的同时,又有颇多艰难曲折的胡人的逐渐"汉化"。在南方,则特别表现为退守南方的北方汉族与南方汉族以及越、蛮、俚、僚(lǎo)等族的自然融合与强制融合,这也是一种"汉化"。如果我们再放大一些视野,考虑到周边特别是蒙古高原、东北、西域的民族,那么魏晋南北朝的区域实际上是由北、中、南三大地域构成的。北指鲜卑、羌胡、高句丽、柔然、高车、突厥等北方边疆民族地区,中指以曹魏、西晋、十六国、北朝为主的中原地区,南就是六朝政权所在的南方地区。这三大地域之间以及三大地域内部的政治对抗、制度冲突、文化融汇、民族兴衰、社会转型等异常复杂。

其三,频繁的人口迁移。伴随着上面所说的民族大挪移,魏晋南

北朝时代，特别是东晋十六国南北朝时代，人口迁移的规模之大、范围之广、历时之久、影响之深，超过以前任何一个历史时期。就以规模之大来说，谭其骧先生估计，从4世纪初期到5世纪中叶约160年间，南迁人口不少于90万，即北方平均每8个人中就有1个人南迁，南方平均每6个人中就有1个人来自北方。我的估计则是在这160年间，南迁人口及其后裔大约有200万。在北方，就以北魏王朝的近150年来说，移民次数将近200次，移民总数累计达到500万人以上。我们知道，人是文化的创造者与承载者，如此规模的人口迁移当然全面而深刻地改变了这个时代许多地区的文化面貌，比如今天的南京、镇江等地，正是在这样的背景下，告别了吴侬软语，其语言逐渐转变为夹有吴语的北方话。再以地理学为例，大量北方人南迁，从世代定居的相对干燥坦荡的小麦杂粮区来到了低洼潮湿的南方稻作区，他们需要了解、认识新的南方地域的自然地理环境、人文地理环境与历史文化，这促成了各类地方志书与异物志、风土记等的迅猛涌现。而在北方，一方面草原民族迁入，填充了汉族南迁留下的空间；另一方面，这些草原民族也面对着从"天苍苍，野茫茫"的自然环境和"风吹草低见牛羊"的游牧生活到大河冲积平原与定居农业的深刻变异。综合南北的情况，我们甚至可以说，这个人口大迁移的时代也是地理大发现、地理大交流的时代。在这样的时代，人们的地理思维空前活跃，比如在文学作品中便充满了人们对陌生的自然环境与新鲜的地理景观的真挚感情，以及由这种感情激发出来的丰富多彩的描述。

其四，特殊的社会结构。在中国悠久绵长的历史中，魏晋南北朝应该是最具贵族气质的时代了，以至梁启超曾经说"战国以后至今日，中间惟六朝时代，颇有贵族阶级"，即魏晋南北朝是中国历史上唯一的贵族时代。什么是贵族？在《新唐书·高俭传》里，唐太宗说

"太上有立德，其次有立功，其次有立言，其次有爵为公、卿、大夫，世世不绝"，也就是在婚、宦、学三方面都值得一说的家族。婚，指的是小圈子通婚，以保证血统的高贵纯正；宦，指的是做官，起码连续三代为五品；学，就是有专门的学术传承。在魏晋南北朝这个时代，总体而言，把持从中央到地方各级权力的是世家大族，拥有连片大地产的是世家大族，撑起这个时代文化大厦的也是世家大族。这是一个世家大族起决定性历史作用的时代，是世族政治、经济与文化相结合的时代。而与此相联系，该时期的社会阶层也被区分为界限森严的高门、寒门、役门、吏门，各阶层的政治地位或社会地位有霄壤之别。

其五，变动的典章制度。魏晋南北朝时代，制度上多权宜之制，从中央官制到地方行政制度，往往处于一种过渡状态，缺乏凝固的制度，诸多制度因时、因地、因人、因族发生着流变。也正因为这是制度上的过渡时代，所以各种制度显得尤为复杂。对中国制度史的研究表明，汉制与唐制有巨大差别，比如汉制，中央是三公九卿，地方是郡县，地方"公务员"由长官选用本地人；唐制，中央是三省六部，地方是州县，地方"公务员"由朝廷派授，而且大抵回避本地人。这些差别都不是一朝一夕造成的，而是魏晋南北朝历时近400年的自然演变所致。

其六，多元的文化面貌。分裂动荡的魏晋南北朝时代是人性觉醒的时代，是没有思想权威的时代，是多元文化生动活泼、兼容发展、自由争辩的时代，是吸收与融合外来文化的时代。如此种种，又使得魏晋南北朝堪称继春秋战国之后，中国历史上第二个百家争鸣的时代。在这个时代，儒玄佛道四家并立，而且相互影响。就儒家说，儒家虽然不再有两汉的盛况与独尊地位，但儒家的政治观念、道德说教、人生理想依然是维系国家政教传统的核心准则，也是当时世族仍在传承的内在命脉；以玄学言，玄学是援道入儒，以老、庄、易三玄解经，是盛行于社会上层和知识界的流行思潮，玄学清谈成为时尚；以佛、道言，佛教在这一时期初步完成了中国化的过程，道教在这一时期则完成了官方化的过程。这一时期，文学的地位在不断上升，以垂训鉴戒为基本特征的史学也受到普遍重视。总之，在中国传统文化的积累与演变过程中，魏晋南北朝是文化面貌呈现多元性、开放性、兼容性、个性化、率真化的时期，是文化独具特色的时期。

这样的魏晋南北朝，真是令人无限追慕。如果说不熟读《唐诗三百首》就不算合格的中国人，那么不了解、不理解魏晋南北朝，大概就不算合格的中国文人了。

北魏浮雕《皇帝礼佛图》

"三国"，哪三国？

文：胡阿祥

是"蜀"还是"汉"？

"三国"，是哪三国？这似乎是个无厘头的问题，因为地球人都知道，魏、蜀、吴三分，当然就是魏国、蜀国、吴国了。其实，这是一个必须说明的重大错误，也是一个"必也正名"的重大问题。

在众多的三国题材的电影、电视剧中，在中学生背诵的各种版本的中国朝代歌中，乃至在绝大多数的文史研究著作中，"三国"都是魏、蜀、吴。比如在央视版的《三国演义》电视剧中，自始至终"蜀"旗飘扬，这真是"气死历史学家"的大错！

所谓"三国"，从曹丕开始的魏国、从孙权开始的吴国，都是

成都武侯祠汉昭烈庙中的刘备塑像

没有问题的，问题出在从刘备开始的"蜀"国。刘备说曹操"挟天子以令诸侯"，骂曹操是"汉贼"。延康元年（公元220年）十月，曹丕篡了汉皇帝刘协的皇位。章武元年（公元221年）四月，在"传闻汉帝（刘协）见害"后，刘备就做了汉皇帝，建都成都。刘备之所以仍然沿用"汉"国号，是为了显示其政权的正统性，表明汉朝没有结束，他的政权就是汉朝的延续。甚至刘备称帝后启用的第一个年号"章武"，也寓有彰显光武帝刘秀及其第一个年号"建武"的意思。其实，禅位后被封为山阳公的刘协是公元234年去世的，比刘备去世得还晚。章武三年（公元223年）四月，刘备驾崩，刘禅继位，继续沿用"汉"国号不改，直到炎兴元年（公元263年）十一月为魏国所灭。

刘备、刘禅以"汉"为国号，这本来是清清楚楚的史实，为什么会错成了"蜀"呢？这其中的关键在于陈寿的《三国志》是以《蜀书》的名号记述刘备、刘禅的汉政权的。

我们知道，"前四史"之一的陈寿的《三国志》是研究三国历史最重要、最权威的"正史"。《三国志》分立《魏书》《蜀书》《吴书》，分别记述曹魏、刘汉、孙吴的历史，并以曹魏为正统。陈寿的这种处理方法是可以理解的，因为陈寿虽然先为刘禅的臣子，但刘禅亡国后，陈寿又成了继承曹魏的司马氏晋朝的臣子，而按照传统时代史家修史的做法，他修《三国志》，就必须以曹魏为正统，否则就等于否定了接替曹魏的司马氏晋朝的合法性，如果真这样做了，那就是杀头之罪。连带着，陈寿不以《汉书》记述国号为"汉"的刘备、刘禅政权，而改以带有地域色彩的"蜀"进行记述（"蜀"为古代的族名与国号，其地域在今四川中部偏西，公元前316年并于秦国，秦于其地置蜀郡），这既缘于在当时各方争为正统的背景下，

《三国志》书影

曹魏与司马氏的晋朝即称刘备、刘禅的汉政权为"蜀"，也缘于此前已经有了刘邦的汉（习称"前汉"或"西汉"）、刘秀的汉（习称"后汉"或"东汉"），如果再立《汉书》，容易导致名实的混淆。但必须指出的是，如果尊重历史本来的事实，遵从名从主人的原则，那么记述刘备、刘禅的政权，还是应该称"汉"。

为何称"汉"？

那么，刘备、刘禅政权称"汉"的理由又是什么呢？最重要的理由是刘备姓刘。按照《三国志·蜀书·先主传》的记载，刘备是西汉景帝刘启的儿子中山王刘胜的后代。曹魏鱼豢的《典略》则说刘备是

临邑侯的枝属。汉朝的临邑侯，可考者有刘让、刘复两位，这两位虽然都是西汉景帝刘启的后代，但都不是中山王刘胜的后代，刘让还因为谋反被东汉光武帝刘秀诛杀。所以，刘备有可能是刘让的枝属，因为先祖有谋反的劣迹，所以假托为刘胜之后。为什么要假托刘胜呢？据说刘胜有120多个儿子，从刘胜去世到刘备出生，又经过了270多年，如果按照30年为一代来算，就是经过了差不多10代，谁能搞清刘备是不是刘胜的后代呢？随刘备自说自话就是。

其实，小时候就死了父亲，靠与母亲一起卖鞋子、织席子过活的刘备，到底是不是刘胜或者刘让或者刘复这些人的后代，根本就不能肯定，而且是大可怀疑的。比如注《三国志》的南朝宋裴松之就说过一段意味深长的话："臣松之以为先主虽云出自孝景，而世数悠远，昭穆难明，既绍汉祚，不知以何帝为元祖以立亲庙。"然而，有意思的是，刘备正是凭借着"帝室之胄"的身份，以兴复汉室为旗帜，逐渐建成他三分天下有其一的势力，并与曹操对抗、与孙权联合的。换言之，"汉"正是刘备、刘禅政权的政治旗号与正统定位。

刘备、刘禅政权称"汉"，在后世也得到了颇多认同。比如明朝谢陛的《季汉书》、清朝王复礼的《季汉五志》，都尊刘备的汉为正统，承认刘备的汉是继承刘邦的前汉、刘秀的后汉的季汉，也就是第三个汉。南宋萧常、元朝郝经两人的两部《续后汉书》，也都以东汉班固的《汉书》与南朝范晔的《后汉书》为接续对象，即同样是以刘备、刘禅为正统，立为帝纪、本纪，而退黜孙吴、曹魏为载记、列传。如果刘备、刘禅身后有知，面对这样的认可，应当含笑九泉了吧。

讲到这里，我们就知道了，今天谈论三国的历史，谈论刘备、刘禅政权，不能还如特殊政治背景下陈寿作史书的做法，称"蜀"不称"汉",而应该依据历史本来的事实,称为"汉",或者沿用旧称称为"季汉",底线是约定俗成地称为"蜀汉"。至于长久以来称刘备、刘禅政权为"蜀",这属于带有贬义的他称,可谓最为不妥,应予废除,否则不仅对不起刘备、诸葛亮、关羽等一班汉家君臣,而且有碍于对当时历史的正确理解,因为刘备、刘禅父子以及诸葛父子、关羽父子等最大的政治资本,便是作为正统象征的"汉"国号。

类似错误

其实类似称"汉"为"蜀"这样莫名其妙或者不可理喻的错误,在社会上乃至历史学圈子里还有不少。以国号或者朝代来说,夏商周三代中的商是自称,殷是他称,那么按照名从其主的原则,今天河南安阳的"殷墟"应当改称为"商墟"。公元1616—1636年,努尔哈赤时期与皇太极前期,汉译的国号应当是"金",而不是"后金"。再以最高统治者的称号来说,秦王嬴政觉得自己功过三皇(天皇、地皇、泰皇),德盖五帝(黄帝、颛顼、帝喾、唐尧、虞舜),所以创造了一个全新的尊号"皇帝",并且废除了"子议父,臣议君"的谥法,指示"朕为始皇帝。后世以计数,二世三世至于万世,传之无穷"。如此,作为中国历史上的"始皇帝",我们平常习称嬴政为"秦始皇"是欠妥的,因为缺了不可或缺的"帝"字。而更加混乱甚至大错特错的是,我们习称自己改名武曌的那位女皇帝为"武则天",其实在她82年生命的最后一年,才有了"则天"尊号,先为"则天大圣皇帝",再为"则天大圣皇后",我们怎么可以自始至终都称她为"武则天"?类似的例子不胜枚举,如郑成功应称郑森或者朱成功，孙中山应称孙文或者孙逸仙。借用孔子的话，所谓"名不正，则言不顺；言不顺，则事不成；事不成，则礼乐不兴"，这里的"名"虽然指的是"名分"，但借用到我们对历史的理解，也是可以的。如果我们一天到晚津津乐道地说三国，却连是哪三国都说错了，岂非贻笑大方、滑稽可笑？

"魏""吴"国号的由来

刘备、刘禅的"汉"国号就说到这里。下面我们说说曹氏的"魏"国号与孙权的"吴"国号的由来。

公元220年，曹丕篡汉，自立为帝，国号魏。曹丕的魏缘于曹操的魏，曹操是汉朝的丞相，先封魏公，再封魏王。那么，曹操为什么要逼汉朝皇帝刘协封他为魏公、魏王呢？原因非常隐秘，与当时流传已久的"代汉者当涂高"谶文有关。所谓谶文，简而言之，好比求签问卦时所得的签文，虔诚者认为它是对未来、对后世的事实的预言。具体到"代汉者当涂高"这条谶文，由于语义非常模糊，所以有不同的解释，并被各种人利用。比如有人认为，这条谶文是说代汉者姓当涂、名高，其人的身份为丞相。也有人认为，"涂"是大路的意思，而袁术（术）字公路，自以为名与字都应谶，恰好他又从孙坚手里得到了汉朝的传国玉玺，于是匆匆称帝，却被曹操派来的他最瞧不起的刘备打得一塌糊涂，心中一气，呕血而死。至于曹操想要的对应的解释，则是东汉后期周舒的说法："当涂高者，魏也。"三国蜀郡成都人杜琼曾说："魏，阙名也，当涂而高，圣人取类而言耳。"我们知道，古代天子、诸侯宫门之上巍然高出的楼观称阙或观，因为巍然高大，也称魏阙；而"当涂而高"，就是当着大道的高大建筑物，魏阙正是如此。所以，"当涂高"指魏，"代汉者"就是魏。当时汉帝刘协已经被曹操挟制，皇袍已经是曹操穿在身上的内衣，明眼人都知道曹操是最有可能代汉者。而曹操被封魏公，能与谶文相应，这就在"理论"上为曹氏代汉准备了充分的理由。再者，东汉本来不立丞相，及至曹操始为丞相，这又对上了代汉者身份为丞相的解释。所以，曹丕

阎立本《古帝王图》里的魏文帝曹丕像

继承曹操大业，最终代汉而国号为"魏"，本是为了应谶，而谶文在某种意义上又代表了天意与民心。

相对曹氏的"魏"国号，孙权的"吴"国号就很直截了当了。曹丕称帝建国后，公元221年封孙权为吴王。公元229年，孙权称帝，国号吴。孙权为什么要接受曹丕所授的吴王封号呢？从当时的形势来看，刘备自居汉家正统，易得民心，魏国势力最强，兵强马壮，而自己介于其间，并不是他们的对手。所以，孙权审时度势，接受了曹丕给予的封号。对曹丕而言，封孙权为吴王，是由于孙权据有的江东之地在秦汉时习称吴地，而习称吴地又可以溯源到先秦时期的吴国，也就是大家所熟知的吴王夫差的那个吴国。

这就是三国魏、汉、吴之名的由来。

三国鼎立的由来

文：胡阿祥

从统一走向分裂

对历史的深度理解，讲究追根溯源。为什么统一的东汉会走向分裂的三国？这缘于东汉末年的军阀割据，曹操、刘备、孙权只是军阀割据、群雄争战的最后胜利者，而袁绍、袁术、吕布、刘表、刘璋、刘繇、马腾等人是失败者。军阀割据又是怎么造成的？很大程度上是缘于州牧出镇，即州的长官州牧上马管军、下马管民，拥有专制一方的权力。那么，为什么会出现州牧出镇的情况呢？这缘于对黄巾民变的镇压。

光和七年（公元184年）二月，以张角、张宝、张梁三兄弟为首的数十万农民军，以黄巾缠头为标志，在七州二十八郡的广大地区同时造反，攻城略地。再进一步，为什么黄巾民变的声势如此浩大？这缘于张家三兄弟创立的太平道。太平道以"致太平"为理想，以成本很低的符水治病为手段，这适应了下层民众的心理与身体需求。喝了符水，病好了，说明此人信道；病不好，说明此人不信道。在宗教迷狂的氛围中，当然大部分人喝了符水会有"效果"，或者宣称有"效果"。通过这样的传教方式，太平道发展信徒，成立组织，设置三十六方，大方万余人，小方六七千人，所以能够一呼百应。而追寻太平道的教义，又与汉代的道家和黄老崇拜有关，若再往上追寻，就可以追到黄帝与老子了……按照历史学研究的追溯法，三国鼎立的由来竟然可以联系到黄帝与老子。当然，如果黄帝与老子泉下有知，一定会批评我这种胡说。

我认为，三国鼎立的由来，制度方面的深层原因是州牧出镇，军事方面的关键一战是夷陵之战。

州牧出镇

先说制度方面的深层原因。

我们知道，汉代地方行政制度是郡县制。比如西汉末年，100多个郡级政区统辖近1600个县级政区，平均每个郡的管理范围为15个县，这是比较适宜的。但对中央政府来说，直接管理这么多郡级政区，范围还是太大了，100多个郡级政区长官的姓名，皇帝大概就很难记住。所以，汉武帝在郡级政区之上设立了14个监察区，即1个司隶校尉部、13个刺史部。因为13个刺史部里有11个部采用了古代文献里的州名为部名，称某州刺史部，所以习惯上13个刺史部又称十三州。刺史负责监察部内长官与强宗豪右的违法乱纪行为，并不管理地方行政事务，而且刺史的品秩只有600石，郡太守的品秩却是2000石，即以小官监察大官。小官监察的地盘大，权力却小；大官管理的地盘小，权力却大。这样，谁都难以闹事，所以汉代的这个制度古往今来都备受称赞。其实，这个制度的实行有一个前提，就是太平世道，一旦进入多事之秋，比如发生跨郡的民变，由于郡境过小，郡太守以一郡的权力往往无法治理。

这样的情况在东汉末年果然出现了，以"致太平"为理想的黄巾起义，或者称黄巾反叛，现在最好称黄巾民变，席卷了北方大地，结束了东汉的太平世道。规模巨大的黄巾民变，虽然主力不到一年就失败了，但余部此伏彼起，令朝廷与地方十分头疼。于是公元188年，汉灵帝接受宗室刘焉的建议，委派中央高级官员，相当于现在的国务委员的九卿出任州牧，授予行政权、兵权、财权，以便镇压民变，进剿余部。如刘焉以太常出任益州牧，黄琬以太仆出任豫州牧，刘虞以宗正出任幽州牧。此后，更是普遍设置州牧，许多割据军阀也都以州牧自任，如袁绍为冀州牧，刘表为荆州牧，曹操为兖州牧。

本来州的长官称刺史，刺是侦探、打听、监察的意思，刺史是监察官员。州牧就不一样了，牧是治理的意思。无论是基督教的牧师，还是中国古代的州牧，上帝或者皇帝的子民都像一群羊，牧师、州牧就是放羊的牧人，牧师是羊群心灵的导师，州牧是羊群言行的管理者。这样，州牧就是州的行政长官，州也从原来的监察区变成了行政区。而且州这样的行政区，一则管辖的地盘很大，全国只有13个州；二则州域的划分往往依据山川险要，在以冷兵器作战的时代，这非常有利于形成地方割据局面；三则州牧位高权重，就好像现在的省长兼省军区司令。于是,这些有地、有人、有权、有钱、有兵的州牧,成了终结东汉王朝命运的真正的刽子手,诚如约1500年前南朝梁学者刘昭所指出的:"至孝灵在位……大建尊州之规,竟无一日之治。故焉牧益土,造帝服于岷、峨;袁绍取冀,下制书于燕、朔;刘表荆南,郊天祀地;魏祖据兖,遂构皇业:汉之殄灭,祸源乎此。"

这段史料的意思是,汉灵帝大幅提升了州的地位,导致从此国无宁日,比如益州刘焉、冀州袁绍、荆州刘表、兖州曹操,都有觊觎帝位的心思乃至动作,东汉王朝灭绝的祸源,正在于此。

东汉末年实力最强的军阀之一——袁绍

其实,我每每提到这段史料,都蛮有感慨,感慨1500年前的古人已经有了如此深刻的认识,这比起我们中学教科书里所说的东汉王朝毁于黄巾起义,实在高明得多。我的另一个感慨是,制度的影响真的很大。就以我们谈论的魏晋南北朝时代来说,为什么长期分裂、深度分裂?归根结底,原因仍然在于制度。沿着东汉末年州成为地方一级行政区的方向继续发展,从西晋末年开始,又有了州级以上的都督制度。这些都督基本都兼着驻地的州刺史,而且控制着驻地以外的几个州甚至十几个州,就好像现在的大军区司令兼着省长。他们不仅辖地广,而且职权重,既掌握着军队,又主理着民政,手下既有将军幕府,又有行政属吏,可谓文武僚佐,纵横捭阖。其结果就是东晋十六国南北朝时代，那些专横跋扈的权臣、叛乱割据的军阀，乃至夺人天下的枭雄与英雄，大多是这类都督或者曾经是这类都督。这样的史实，又充分说明了军阀干政对国家动乱的影响已经成为历史的惯性。中国古代的历史，好像有这样一个规律：但凡出现内轻外重即中央或皇帝软弱、地方或权臣强悍的局面，接着必定是割据分裂或改朝换代。东汉末年的割据分裂、魏晋南北朝时期的频繁改朝换代是这样；唐朝的安史之乱、五代十国的改朝换代和割据分裂也是这样；到了近代，民国时期北洋军阀的混战还是这样。

夷陵之战

说过了三国鼎立在制度方面的深层原因是州牧出镇，我们再来说说决定三国鼎立局面的关键战役，即夷陵之战。

一般认为，公元208年孙刘联军迎击曹操的赤壁之战，决定了三国鼎立的局面，这种说法是欠妥当的。所谓"三国鼎立"，是指北方的曹魏、东南的孙吴、西南的蜀汉仿佛鼎足三立。而赤壁之战后，曹操放弃了南下以求统一的企图，孙权巩固了东南的地盘，本无立身之地的刘备得到了荆州的江南四郡以及孙权出让的南郡江北之地。也就是说，经过赤壁之战，曹操、孙权、刘备三大势力基本形成，但从地理形势与疆域范围来看，刘备的小小地盘还算不上鼎立的一足，或者说鼎立的三足，这时才形成了两足。

三国鼎立的三足齐备、三足稳定，是公元222年夷陵之战的结果，这是孙、刘两家争夺荆州的重要战役。因为交战于夷陵（今湖北宜昌东南），史称"夷陵之战"。

要说清楚夷陵之战，还得从刘备入川说起。先是公元211年，益州牧刘璋邀请同为汉室宗亲的刘备入川，想借刘备之力，抵抗曹操。不想此举乃是引狼入室，到了公元214年，刘备反客为主，夺取了刘璋的益州，有了稳固的地盘。既然刘备有了益州，北方曹操的威胁又暂时得到缓解，孙权就不想与刘备共享荆州了，孙、刘两家的矛盾逐渐加深。

为什么孙、刘两家不能共享荆州呢？从当时的形势来看，大致以今湖北、湖南两省为主的荆州，对孙、刘两家都至关重要。荆州交通便利，地势险固，位当冲要，经济条件优越，户口繁盛，而且南北人士颇多避乱在此，可谓汇聚了天下人才。对刘备来说，如果据有荆州，可以实施诸葛亮"隆中对"所规划的两路出兵战略，即由荆州出兵中原、由益州出兵关中，如此"则霸业可成，汉室可兴矣"；对孙权来说，据有荆州，既能屏蔽江东，解除上游的威胁，从而与北方的曹操抗衡，也可沿江西上，进一步扩展地盘。这样，荆州就成了孙、刘两家的必争之地，成了解不开的死结。

孙、刘两家争夺荆州，大致经过了四个回合。第一个回合，即赤壁之战以后的次年公元209年，刘备有荆州大

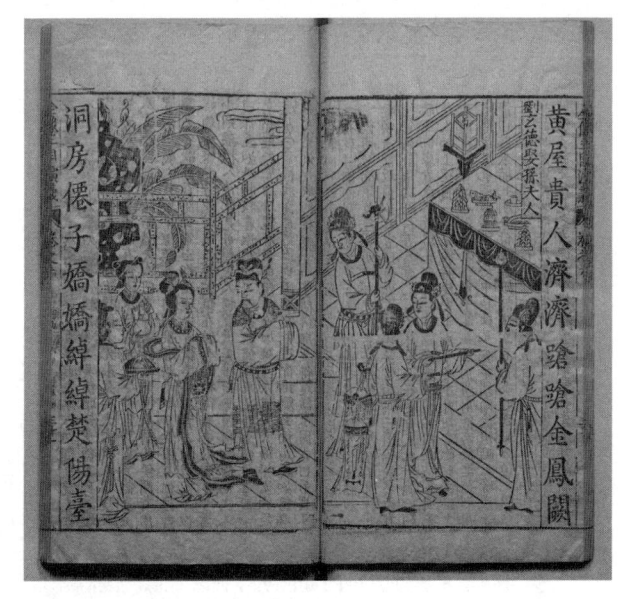

《三国志通俗演义》中的刘备娶孙夫人

部，孙权有荆州小部，孙权还把妹妹许配给了刘备，双方暂时相安。第二个回合，几经冲突与协商，包括鲁肃"单刀赴会"与关羽协商（注意，不是关羽"单刀赴会"与鲁肃协商），到了公元215年，孙、刘两家以湘水为界中分荆州，湘水以东属孙权，湘水以西属刘备。第三个回合，孙权夺取荆州。公元219年，趁着刘备坐镇荆州的大将关羽出兵北伐，占襄阳、围樊城、擒于禁、斩庞德而后方空虚的机会，孙权派大将吕蒙白衣渡江，袭占荆州治所江陵。关羽回救，败走麦城，终致遇害。孙权由此掌握了荆州，孙、刘两家的联盟也就宣告破裂。第四个回合，公元222年夷陵之战，孙权再败刘备，保有荆州。因为这个回合关系到三国鼎立局面的形成，我们讲细一些。

章武元年四月，刘备称帝。刘备当然不甘心困于四塞之地益州，还是想夺回荆州。这年七月，刘备不顾群臣的反对，以替关羽报仇雪恨为名，亲率六七万大军沿江东下。孙权拜陆逊为大都督，统兵五万迎战。公元222年年初，蜀汉大军进至夷陵，占领长江两岸，并从巫峡到夷陵，连营数百里，以求与陆逊决战。陆逊则据守有利地形，坚持以逸待劳、坚守不出的方针，与汉军相持了半年多。章武二年（公元222年）闰六月，刘备大军为避盛夏暑热，移营密林中。陆逊突然全线出击，发起火攻，连破40余营，大获全胜。刘备连夜西逃，一退再退，最后退到了白帝城（今重庆奉节县东）。当其时也，汉军土崩瓦解，尸骸漂流，几乎堵塞了长江。目睹如此惨痛的情景，想着竟然败于小自己20多岁、名不见经传的一介书生陆逊之手，一代枭雄刘备仰天长叹。次年四月，刘备忧愤而亡。至此，蜀汉势力完全退出荆州，收缩到了三峡以内，据险立国，并且再也没能东出三峡一步。孙吴占据荆州，稳住了西面的屏障，而三国鼎立的政治地理形势也得以正式确立。从此，曹魏、孙吴、蜀汉三国都有了比较稳定的疆界，并且孙、刘两家重新修好，再结同盟，共同抗击强大的曹魏。

及至公元263年，曹魏灭蜀汉，三国鼎立变成了两国对峙。公元265年，司马氏又取代曹魏，建立晋朝。公元280年，晋朝灭孙吴，重建统一，历时近百年的分裂局面终告结束。

那么，相对比较容易理解的、通过战争实现的曹魏灭蜀汉、晋朝灭孙吴，司马氏又是如何通过非武力手段取代曹魏的呢？这又是关涉理解魏晋南北朝历史的一个大问题。

全本魏晋禅让大戏

文：胡阿祥

天运循环，承上启下

魏晋南北朝时代，改朝换代频繁，如走马灯一样，实在令人眼花缭乱。其实，如果我们稍做归纳，改朝换代不过外力征服与内部禅让两种形式而已。就外力征服来说，如曹魏灭蜀汉，西晋灭孙吴，匈奴的汉国灭西晋，十六国之间的相互吞灭，北周灭北齐，隋朝灭陈朝，这些都比较容易理解，就是真刀真枪地打天下；而就内部禅让来说，如东汉禅让给曹魏，曹魏禅让给西晋，东晋禅让给刘宋，刘宋禅让给萧齐，萧齐禅让给萧梁，萧梁禅让给陈朝，东魏禅让给北齐，西魏禅让给北周，北周禅让给隋朝，这是一幕又一幕的宫廷政变篡天下。在魏晋南北朝时代，内部禅让似乎更具典型意义。我们讲魏晋南北朝历史，不能不讲改朝换代，但改朝换代也没有必要细讲，因为无论是外力征服还是内部禅让，其基本的路数或模式都是差不多的。

魏晋禅让大戏的主角之一无疑是司马懿。因为一部《三国演义》以及许多有关三国的影视剧，那与诸葛亮斗法的司马懿已为大众所熟知。虽然《三国演义》不是三国史，许多情节远离历史事实，但其中有关司马懿及其子孙篡魏的描写，还是基本到位的。在《三国演义》第119回中，引有后人这样的诗句："魏吞汉室晋吞曹，天运循环不可逃""晋国规模如魏王，陈留踪迹似山阳"。这是说，公元220年曹丕篡汉，封汉献帝刘协为山阳公，与公元265年司马炎篡魏，封魏元帝曹奂为陈留王如出一辙，魏晋禅让只是汉魏禅让的一次翻版。稍有差异的是，汉魏禅让经历了曹操、曹丕父子两代，魏晋禅让则经历了司马懿、司马师、司马昭、司马炎祖孙四人。

我们单说魏晋禅让。这魏晋禅让，真的是承上启下。承上指上承王莽的代汉立新、曹丕的篡汉

司马懿集团像：司马懿（中）、司马师（右二）、司马昭（左二）、司马炎（幼者）、钟会（右一）、邓艾（左一）

建魏，启下指下启南北朝直到赵匡胤宋朝时期诸多王朝的改朝换代程序，所以魏晋禅让显得极有代表意义，堪称全本禅让大戏。

作为全本禅让大戏，魏晋禅让是由以下的一幕幕构成的。

第一幕——出现权臣

这权臣是老奸巨猾、城府极深的司马懿与他野心勃勃、行为张扬的两个儿子司马师、司马昭。司马懿有雄豪之志，有"狼顾"的本领。狼顾，就是"面正向后而身不动"，在相术上，这是凶残多虑之人的表现，加上曹操曾经梦见"三马同食一槽"，觉得很不吉利，于是提醒太子曹丕："司马懿非人臣也。"但司马懿因表面显得宽厚仁慈，并且确实能力出众，既为曹操屡献奇策，又助曹丕篡汉称帝，所以得到了曹操的容忍，获得了曹丕的信任。曹丕、曹叡两任皇帝都留下遗诏，以司马懿为辅政大臣。而司马懿从辅政大臣到压主权臣的质变，始自高平陵事变。先是曹叡驾崩，8岁的曹芳即位，曹爽与司马懿共同辅政，但军权掌握在曹爽手中，于是司马懿称病回家，不问政事。几经试探，才识平庸的曹爽认定司马懿已经是个将死的老人，对他放松了警惕。但姜还是老的辣，正始十年（公元249年）正月，曹爽伴随皇帝曹芳按照惯例去洛阳城南的高平陵祭祀明帝曹叡，趁此机会，在军中根基深厚、已经装病近两年的71岁的司马懿突然抖擞精神，披挂上阵，纠集党羽，关闭城门；发动政变。真似猛虎出爪，一击毙命，《晋书·宣帝纪》记载的政变结果是："诛曹爽之际，支党皆夷及三族，男女无少长，姑姊妹女子之适人者皆杀之。"从此，魏国的军政大权便落入司马家族手中，这为司马氏日后的成功篡魏奠定了基础。

公元251年，司马懿去世，长子司马师继续掌握大权。司马师比他老子更厉害，废曹芳，立曹髦，皇帝在他手里如同傀儡。

公元255年，司马师去世，其弟司马昭当政。司马昭比他哥哥又进了一步，不仅飞扬跋扈，凌驾于皇帝之上，而且开始谋划篡魏自立。不满20岁、年轻气盛的曹髦忍无可忍，对左右说："司马昭之心，路人所知也。吾不能坐受废辱……"于是在甘露五年（公元260年）五月七日夜里，他铤而走险，率领身边的几百宫人攻打司马昭，结果被司马昭的手下成济一矛贯胸，当场死亡。曹髦以高贵的生命，捍卫了皇帝的权威与尊严。而面对这样的突然变故，背负"弑君"罪名的司马昭也大惊失色。他一方面对着皇帝的尸体放声大哭，另一方面诿罪于成济，诛灭成济三族。成济临刑时大骂不止，司马昭对自己的滔天罪恶欲盖弥彰，想篡位的狼子野心也暴露于天下，尚在孕育中的新王朝被抹上了浓重的不道德的色彩。

司马昭弑君，出自《遗香堂绘像三国志》

第二幕——制造舆论

为了新王朝的建立以及新王朝的形象，司马昭必须洗刷这浓重的不道德的色彩。依靠什么洗刷？依靠舆论。什么舆论？各方面的舆论，包括功业、符瑞、谦逊。功业是实力，符瑞是天意，谦逊是品德。司马昭的功业，是他亲自扶立了新的皇帝——15岁的曹奂；是他在公元263年灭了蜀汉，迈出了走向统一的实质性一步。司马昭的符瑞，也就是各种各样吉祥的征兆，包括出现了象征太平的甘露，出现了图像有马、文字有"大讨曹"的石瑞，这明确显示了司马代曹乃是天意。至于司马昭的谦逊，更是容易表演，他不止一次地辞让当相国、辞让做晋公、辞让加九锡，虽然最后都实在辞让不了，但这毕竟显示了他谦逊的"美德"。

第三幕——完善程序

通过政治强权与国家机器，大力表彰、广泛弘扬司马昭的功业、符瑞与谦逊，但仅有这些比较虚化的舆论还是不够的，还要追寻上古时代尧、舜、禹禅让的美好记忆，效仿王莽、曹丕谋人之国的既成模式，走完实实在在的程序，如此才显得正儿八经、规规矩矩。那么，都有什么主要程序呢？封国、加九锡、揖让、禅让。封国，司马昭先后被封为新城乡侯、高都侯、高都公、晋公、晋王。九锡，是皇帝赐给大臣的9种器物，即车马、衣服、乐器、朱户（朱红色的大门）、纳陛（殿前屋檐下专门凿出来的台阶）、虎贲、斧钺、弓矢、秬鬯（以黑黍和郁金香草酿造的酒，用来祭神），这代表着一种最高礼遇。揖让，就是反复推辞，无论是封国还是加九锡，以及最后接受禅让，都不可愉快地马上接受，而要痛苦地反复推辞，一方面皇帝要给，另一方面权臣要让，必须把戏做足。比如司马昭接受九锡前，竟然揖让了13次。可惜的是，司马昭让来让去的结果是"万事俱备，只欠身体"，还没来得及走完最后一步禅让，咸熙二年（公元265年）八月，55岁的司马昭就一命呜呼了。等到年底，他长发委地、双手过膝，长得好像长臂猿一样的长子晋王司马炎，经过几番装腔作势的推辞，终于接受了魏帝曹奂的禅让，建立了新的王朝，这就是晋朝。

阎立本《古帝王国》中的晋武帝司马炎像

第四幕——善待逊帝

戏演到禅让这一幕，该结束了吧？还没有！还得有个漂亮的、道德的尾声，就是善待让出天下的逊帝。司马炎封让位的曹奂为陈留王，让他享有万户的食邑，保留天子的礼乐，上书不称臣。曹奂此后又活了30多年，50多岁才去世，看来日子过得比当皇帝时成天担惊受怕好多了，也算得以善终。而这样的情形，是不是和1912年中华民国建立以后的十几年里，退位的清帝得到的优待条件，比如不废清帝尊号、仍然住在紫禁城、侍卫人等照常留用、民国政府每年拨付400万两白银等非常相似？这就是我们中国人的礼节吧。

至此，我们讲完了魏晋禅让这台全本大戏，不知大家有什么感觉？我们不妨先了解一下当事人的看法。据《晋书·宣帝纪》记载，有一次，晋朝的第六任皇帝，也是东晋的第二任皇帝司马绍请教丞相王导晋朝的列祖列宗是如何得到天下的，王导讲了整个过程后，司马绍"以面覆床"，痛苦地说道："如果真像你讲的那样，晋朝的国运还能长久吗？"的确，西晋王朝历时52年就非常悲惨地终结了，西晋王朝的最后两任皇帝司马炽、司马邺都被匈奴俘虏，并且最终都被杀害了。再者，司马懿、司马师、司马昭、司马炎这祖孙三代，在一本正经地提倡礼教与夺人之国的阴谋行为之间，极尽虚伪表演之能事，而"上梁不正下梁歪"，西晋也成了中国历史上道德形象极差、社会风气极坏的王朝之一。

讲完了魏晋禅让这台大戏，我们又是否理解了旧时戏剧舞台上最常用的那副对联——"戏场小天地，天地大戏场"？中国文化的弊病之一就是做戏的文化。就以禅让式的改朝换代来说，没有哪个皇帝愿意让出祖宗的基业，也没有哪个权臣不是急吼吼地想夺人天下，但中国自古讲究君臣大义，讲究上下之别，于是发明了禅让，使被篡与篡位的双方都变成了尧舜般的圣君，这真是做足了最高政治舞台上的假戏。这样的假戏，从新朝的王莽到宋朝的赵匡胤，密集上演。只是让人感慨的是，一般的戏都会越演越好，这禅让的戏却越演越粗糙不堪。汉魏禅让，演了曹氏父子两代；魏晋禅让，演了司马氏祖孙四人。而到了南北朝时期的六七次禅让，都是权臣们迅速走完程序，转身就做了开国的皇帝。最极致的例子当是后来赵匡胤篡夺后周，诸多的程序竟然在一天之内就走完了！至于中华民国的合法性，竟然离不开一张1912年2月12日清帝颁布的退位诏书，就更让人叹服传统惯性力量的无比强大了。

八王之乱

文：胡阿祥

从盛世堕入地狱

西晋的悲惨，其实不在于历时52年就结束了，中国历史上的统一王朝，秦朝、武曌的周朝都是历时15年，隋朝历时37年，都比西晋更短，况且接续西晋、拥有半壁江山、历时103年的东晋王朝毕竟仍是司马氏的王朝。比较而言，西晋王朝的悲惨还在于前半期像模像样，甚至号称"盛世"，几经宫廷政变，就转入后半期，那是何等山崩地裂、堕入苦难的人间炼狱的后半期啊！这样的治乱兴衰，真是令人思考，让人唏嘘。

公允地说，西晋的前半期，即从公元265年司马炎篡夺曹魏之后，到公元290年司马炎驾崩之时，在这25年的时间里，因为改朝换代之初的谋篇布局，因为灭亡孙吴的重大使命，因为统一天下的万象更新，虽然生性好色却也年富力强的司马炎还是有所作为的。比如他曾经当着文武百官的面，把一件用野鸡头毛制成、光彩夺目、堪称稀世珍宝的"雉头裘"烧毁，并且下令谁再贡献这类东西，就要加罪，借以显示自己是一位崇尚节俭的皇帝。比如他恢复了被曹魏废止的谏官制度，委任一些清正敢言、富有才能的人为谏官，借以显示自己要开直言之路。

司马炎注重招抚流民，兴修水利，奖励耕织，又出台占田制，使农民依法占有一定的土地。为了使人地结合，他下令把3.5万头官牛赊给中原一带的将吏士庶，以作春耕之用。为了增加农业人口，他下令女子17岁以上不出嫁者，由官府代找配偶。通过这种种措施，及至太康年间，即从公元280年西晋统一全国到公元290年司马炎驾崩这段时间，《晋书》记载当时的情况是牛马布满田野，粮食有了富余，天下赋税平均，人民安居乐业，甚至不必关门防盗。这些记载可能有夸张之嫌，但社会相对安定、经济比较繁荣，也应该是事实，所以这段时期史称"太康之治"，甚至享有"太康盛世"的美名。

然而另一方面，改朝换代伊始，开国皇帝司马炎有惩于曹魏皇室孤立无援，最后政权转入自己手中的教训，为了不让这样的情形重演，为了使司马氏的江山永固，为了地方藩卫中央，他恢复了古代的分封制度，分封宗室27人为王，王国的文武官员都由诸侯王自己选用，而且每个王国都有自己的军队。后来又让诸王都督各州军事，坐镇一方。这样，诸侯王不仅掌握了封国的军政大权，还控制了相当数量的军队，从而埋下了祸及后来的种子。待到这颗种子破土发芽，便是一发不可收拾、导致西晋王朝崩溃的"八王之乱"。

"八王之乱"的起因

"八王之乱"从公元291年萌芽，到公元306年终结，历时16年，几乎贯穿了西晋的后半期，其间的史实非常复杂，涉乱的人物也纷纭众多。如果把"八王之乱"比作一个超级火药桶，那么这个火药桶的导火索、点燃与起爆的过程以及造成的影响又是怎样的呢？

"八王之乱"这个火药桶的导火索，是深陷宫廷斗争的皇后贾南风与外戚杨骏。西晋开国皇帝司马炎有两位皇后，先后是杨艳与杨艳的堂妹杨芷。因为杨艳的长子司马轨2岁就夭折了，所以次子司马衷被立为太子，太子妃则是年长司马衷2岁的贾南风。公元290年，55岁的司马炎驾崩，32岁的司马衷继承皇位，是为晋惠帝，太子妃贾南风也就成了贾皇后，朝政则由晋武帝皇后杨芷的父亲杨骏总揽。为什么朝政会由外戚杨骏总揽呢？因为皇帝司马衷是个白痴。比如司马衷听见蛤蟆叫，就问左右这是为官叫，还是为私叫。手下报告天下灾荒，百姓大批饿死，司马衷发出了千古一问："何不食肉糜？"就是没有饭吃，干吗不吃肉粥啊？

这样的皇帝当然无法理政，而麻烦在于，杨骏与贾南风又都不是什么好东西。先说杨骏。当初，司马炎病重时，下诏指定叔父汝南王司马亮与国舅爷杨骏共同辅政，杨骏却趁司马炎昏迷时，让自己的女儿、皇后杨芷奏请让他一个人辅政，司马炎迷迷糊糊中点了点头。这样，遗诏就变成了杨骏独自辅政。杨骏以外戚身份专权，执政严酷，刚愎自用，遍树亲党，疏远宗室，却又缺乏威望，引起司马宗室与开国元勋的怨恨不满。至于贾南风，不仅容貌丑陋，皮肤粗黑，身材短小，而且性情凶残，不甘寂寞，非常淫荡，忌妒心极重，毫无母仪天下的气度。比如贾南风还是太子妃时，有一次见到丈夫司马衷喜爱一位宫女，竟然用戟掷向怀孕宫女的肚子，令宫女流产。这样，独揽朝政的外戚杨骏与权欲极强的皇后贾南风之间的矛盾与冲突，就变得不可避免、一点即燃了。

"八王之乱"的经过

点燃"八王之乱"导火索的是贾后主导、司马诸王卷入的连环宫廷政变。第一次政变是在元康元年（公元291年）三月，即在司马炎驾崩近一年之际，贾后召司马炎第五子、楚王司马玮入京，以东安公司马繇所率400殿中卫士为力量，发动宫廷政变，结果杨骏及其亲党被夷灭三族，皇太后杨芷被废，次年二月被活活饿死。贾南风的残酷无情，由此可见一斑。只是经此政变，朝政大权却落在汝南王司马亮和元老卫瓘手中，贾后的政治野心未能实现。第二次政变是在元康元年六月，在贾后的操纵下，楚王司马玮杀了司马亮和卫瓘，贾后又以擅杀大臣的罪名，诛杀了司马玮，于是权柄完全落入贾后之手。然后经过相对平静的8年，及至公元299年，贾后又发动了第三次政变。没有生养过儿子的贾后，竟然假称当年在晋武帝司马炎国丧期间曾经怀孕生子，只是因为事情隐秘，没有对外宣布，并以妹夫韩寿之子韩慰祖充当亲生儿子，立为太子，同时诬陷甚有名望的太子司马遹谋反，不仅废其太子之位，还杀掉其母淑妃谢玖。永康元年（公元300年）三月，又杀司马遹。如此倒行逆施，终于给司马诸王提供了借口，促成了第四次政变。当年四月，统领禁军的司马炎叔父、赵王司马伦联合司马炎侄子、齐王司马冏起兵，深夜入宫，拘捕贾后，旋即以金屑毒酒鸩杀之。到了永康二年（公元301年）正月，又起第五次政变，

晋惠帝司马衷，出自《绣像三国演义续编》

即赵王司马伦废除白痴皇帝司马衷，自立为帝。至此，不像皇帝的皇帝司马衷被废了，不像皇后的皇后贾南风、不像外戚的外戚杨骏都被杀了，然而更严重的危机也接踵而至，拥有实力的司马诸王并不认同赵王司马伦称帝。

说到"八王之乱"这个火药桶大爆炸的起爆，关键人物是齐王司马冏，炸死的是包括他自己在内的一批司马诸侯王。本来，灭杀贾南风的政变是司马伦与司马冏的联合行动，但政变成功后，司马冏被赶出京城洛阳，去镇守许昌，司马伦却做起了皇帝，这让司马冏非常不爽。就在司马伦称帝两个月后，永康二年三月，司马冏起兵讨伐，并得到了成都王司马颖、河间王司马颙、常山王司马乂（yì）的响应。从此，一直局限在宫廷内部的政变终于质变为围绕皇位继承权的争夺而展开的祸害天下、涂炭生灵的诸王混战。说其过程，先是公元301年司马伦被杀，惠帝复位，司马冏专权；然后公元302年司马冏被杀，司马乂专权；公元304年司马乂被杀，司马颖、司马颙先后专权，并挟持惠帝西奔长安；公元306年，惠帝被东海王司马越从长安迎还洛阳，司马颖、司马颙先后被杀，司马越又毒死惠帝，另立怀帝司马炽，掌握大权。说其规模，司马诸王的混战波及以洛阳、长安、邺城等为中心的黄河南北的广大地域，而有时各方集结的军队超过30万人。再说其残酷程度，彼此杀戮的司马氏王公，都是骨肉相连的亲戚，甚至是关系很近的兄弟叔侄，是何等深仇大恨，使得失败者及其亲党大多被夷灭三族？司马乂更是被置于火堆上活活烤死。其时司马乂的惨叫声传遍四方，士兵们目睹耳闻，都流下了眼泪。

"八王之乱"的影响

"八王之乱"造成的影响，诚如唐朝所修《晋书·八王传》的评论："西晋之政乱朝危，虽由时主，然而煽其风，速其祸者，咎在八王。"这话的意思是：西晋政治的混乱、朝局的危殆，虽然是由当时的皇帝造成的，然而煽风点火、加速祸乱到来的罪魁祸首，还是以"八王"为代表的司马氏诸王公。具体来说，"八王之乱"造成的影响与产生的后果又可谓非常广泛。

首先，内乱引起外患。光熙元年（公元306年）年底，历时16年、酷烈无比的"八王之乱"宣告落幕。而在"八王之乱"落幕之前的公元304年，匈奴左贤王刘渊就以帮助成都王司马颖为名，在今山西起兵，由此拉开了历时百余年的"五胡乱华"的大幕，然后才有了北方系统的十六国北朝。

其次，外患终结内乱。随着"五胡乱华"大幕的拉开，西晋王朝开始了终结自身命运的所谓"永嘉之乱"。"永嘉"是晋怀帝司马炽的年号。永嘉五年（公元311年）三月，逃离陷入匈奴铁骑包围的洛阳的"八王之乱"最后的胜利者东海王司马越，在忧愁恐惧中病死。当年四月，在内乱中已经消耗得所剩不多的晋军主力与随军大臣、宗室10万余人，在苦县宁平城即今河南鹿邑县西南被匈奴铁骑围歼，军中的司马越灵柩也被胡兵焚烧，落得个尸骨无存的下场。同年六月，匈奴军队攻下洛阳，晋怀帝司马炽被掳，官吏、士民3万余人被杀。公元316年，匈奴军队又攻陷长安，晋愍帝司马邺出降。西晋就此灭亡。

再次，南方开辟新篇。永嘉元年（公元307年）九月，在司马越考虑后方的安排与王导深谋远虑的劝说下，琅邪王司马睿避乱过江，来到建邺①，并于公元317年开启了历时百余年的司马氏东晋王朝，然后才有了南方系统的东晋南朝。

从盛世跌入地狱的西晋一朝的历史，我们就讲到这里。短暂而悲惨的西晋王朝，尤其是后半期，真是混乱不堪。我想，对各位非历史学专业的读者来说，具体史实了解个大概就可以了，更值得我们思考的还是西晋王朝留给我们的深刻教训与丰富启示。比如开国皇帝司马炎为什么要恢复难免遗患的分封制？为什么要立白痴司马衷为太子？丑陋残忍的贾南风为什么会被选为太子妃？平庸无能的汝南王司马亮与缺乏威望的外戚杨骏为什么

晋元帝司马睿像

---

① 即今江苏南京。公元212年，孙权改秣陵为建业。公元280年，西晋灭吴，复改为秣陵，公元282年又改称建邺。公元313年，因避愍帝司马邺讳，改称建康。——编者注

会被选为辅政大臣？号称儒家信徒、宣扬重视礼教的司马诸王为什么会彼此杀戮，以致丧失基本的人性？推而广之，怎样理解分封制的优劣利弊？皇位继承人是立长还是立贤？如何限制外戚与后宫的干政甚至专权？如何协调内朝与外朝、中央与地方的关系？甚至如何处理少数民族问题？诸如此类的问题以及它们之间的因果联系，才是值得我们思考的。历时52年的西晋王朝，实在堪称我们全面把握、系统理解中国古代王朝政治兴衰成败的鲜活标本和难得典型。

"超级导演"王导

文：胡阿祥

王导，何许人？

讲东晋南朝的历史，首先要讲至关重要的人物王导导演的一台至关重要的政治好戏。

永嘉二年（公元308年）三月初三，在这个有着悠久历史渊源，当时很有趣并且很重要的上巳节日，在吴国的故都建业（公元282年改为"建邺"），也就是今天的南京，王导导演了一台政治好戏。这台好戏不仅关系到东晋政权的顺利建立，而且关系到华夏文化的薪火相传。

王导是何许人？在今天的山东临沂城北约14公里处，有个孝友村，这里是以"卧冰求鲤"列入"二十四孝"故事的王祥的故里。王祥生活在东汉末年到西晋初年，最后官拜太保，去世前留下"信、德、孝、悌、让"的家训。王氏子孙没有辜负王祥的期许，他们世世进取、代代努力，琅邪王氏由此成为簪缨世家，有着中古第一高门的美誉。出生于公元276年的王导，就是王祥同父异母的弟弟、以友爱著称的王览的孙子。王导14岁时，就被看相者评价为"此儿容貌志气，将相之器也"。

所谓"乱世出英雄"，王导生活的时代，正是中国历史上的一个大乱世。先是西晋的后宫与外戚争权以及倒行逆施的分封制度，在公元291年引发了长达16年的"八王之乱"，继而内乱性质的"八王之乱"又引发了外患性质的"五胡乱华"，内迁的匈奴等族纷纷趁机起兵，建立政权，于是中国北方陷入了胡马纵横、彼此混战的局面，建都洛阳的西晋王朝也大厦将倾，无可救药。

上巳观礼

正是在这样糟糕的政治形势下，王导导演的政治好戏拉开了序幕。序幕历时约半年之久。

永嘉元年九月，王导以智囊谋主兼同龄好友的身份，辅佐西晋王朝派驻江南的最高军政长官、安东将军、都督扬州诸军事、琅邪王司马睿来到建邺。从西晋朝廷执政者司马越的安排而言，是"狡兔三窟"，留条后路；而从司马皇室旁支司马睿的角度来说，实是期望依托长江、淮河之险，立国江南。然而，非常麻烦的问题在于，不过20多年前，建都建业、拥有南方半壁江山的吴国正是被西晋王朝灭亡的，而且接受吴国末主孙皓投降的琅邪王司马伷，又正是司马睿的祖父。也就是说，来到吴国故都的西晋皇族司马睿，对吴国旧人来说，竟是灭国仇人的后代。另外，当时的司马睿刚三十出头，虽然凭借出身封王做官，但其实既无什么功业，也无什么声望。所以，司马睿来到建邺后，没有几位吴地人士理睬他，更谈不上为这位新主子效命了。面对这样的状况，司马睿只能借酒浇愁，无日不醉，连日常的军政事务也耽搁了。王导终于忍无可忍，直言进谏。司马睿倒也听话，他斟酒满杯，一饮而尽，随即把酒杯倒扣在案上，从此戒酒。

转眼已到次年新春，焦急万分的王导约来了掌管兵马、在外征战的堂兄王敦，商议如何化解这个难题。王敦可非一般人物，他是西晋开国皇帝司马炎的驸马爷，历任中央与地方高官，年长王导10岁，威名卓著，性格雄豪。王导对王敦说："我们的主公琅邪王司马睿虽然仁德宽厚，但是名声还小。兄长您已经威震天下，我们应该想办法扶助扶助他。"一番商议之后，这对堂兄弟定下了一条妙计，就是利用三月三上巳节吴地人士会聚过节的机会，陪同司马睿前往观礼，一来壮壮声势、显显威风，二来摆摆姿态、收收人心。司马睿听罢，欣然接受，相约依计而行。

历时半年的序幕结束，永嘉二年三月三上巳节，正剧开演。

王敦像，出自《临沂历代名人画册》

具体的剧情是这样的：在吴国故都建业的某处水边，江南的豪族大家、士民百姓临水修禊，曲水流觞，正热闹着，突见一条气势威严的仪仗长龙正有条不紊地向他们走来，这吸引了所有修禊流觞者的目光。一排排的侍卫、扈从走过之后，闪出一乘小轿，轿中的司马睿极具威仪。而恭恭敬敬地跟在司马睿的小轿后面的，竟是骑着宝马良驹、从北方迁来的众多高门望族、文臣武将。

在北方贵族眼里基本还属于南方"土豪"的纪瞻、顾荣等人，见到司马睿出行仪仗的这番排场，又是惊惧，又是窃喜，又是无奈。惊惧的是，连王敦这样名满天下的驸马爷都跟在司马睿后面跑龙套，看来年纪轻轻的司马睿并不简单，以前太冷落他了，得赶快弥补过失。窃喜的是，虽然司马睿是灭我国家的仇人的后代，但是作为地方军政长官，他能亲临观节，可见还是尊重我江南民俗，善待我江南人士的。无奈的是，退一步讲，以琅邪王司马睿、文臣王导、武将王敦为首的晋室流亡力量，总归还是正统朝廷的象征，如果与他们合作，不仅可以借力抵御北方匈奴军队的南下，还能够维持自己的身家性命于不坠，毕竟南人与北人之间的前世恩怨比起华夏与蛮夷的现实对抗，要微不足道得多。想到这里，江南豪族大家纷纷下拜行礼，司马睿也下轿答礼，一副亲善模样，双方的关系一下子显得和睦起来。

趁热打铁

短暂但大获成功的正剧之后，当然还有培基固本的尾声。王导从两方面做了许多感动南方吴人、激励北方移民的工作。

对南方吴人来说，王导知道，司马睿的上巳观节是树威，接着就应该施恩了。于是，王导趁热打铁，再次向司马睿献计道："古代的君王，无不敬礼故老，尊重风俗，谦虚谨慎，招纳豪杰。何况现在天下丧乱，国土分裂，大业草创，正是急于用人的时候。"于是，司马睿亲临纪瞻府宅，还与他同车回朝。又委派王导拜访江南望族，发出真诚邀请，拉近彼此关系。这样，吴郡的政治家顾荣、会稽的学问家贺循、建邺的军事家纪瞻、义兴的地方实力派周玘等江南领袖人物，感动之中纷纷出仕，从此江南归心。相较此前的冷漠，江南望族开始大力支持司马氏政权。如顾荣劝慰司马睿说："臣闻王者以天下为家……愿陛下勿以迁都为念。"可见吴地人士已认司马睿、王导为明主、贤相了。纪瞻更是力劝司马睿称帝，当司马睿推托再三，让人撤去御座时，纪瞻厉声呵斥撤座之人："帝坐上应星宿，敢有动者斩！"连司马睿都为之动容。

对迁到南方的北方官民来说，王导也时常做出激励之举。举个例子，据《世说新语》记载："过江诸人，每至美日，辄相邀新亭，藉卉饮宴。周侯中坐而叹曰：'风景不殊，正自有山河之异！'皆相视流泪。唯王丞相愀然变色曰：'当共勠力王室，克复神州，何至作楚囚相对！'"王导这样的"愀然变色"，意在激励大家振作精神，共同抵御外侮，恢复故国河山。唐李白《金陵新

明文伯仁《金陵十八景图》之"新亭"

亭》诗赞誉道："金陵风景好，豪士集新亭。举目山河异，偏伤周颛情。四坐楚囚悲，不忧社稷倾。王公何慷慨，千载仰雄名。"

王导导演的这台好戏之所以如此成功，与上演的主要舞台选在了吴都建业、上演的关键档期选在了三月三上巳节有密切的关系，而仅就当时的效果来说，这台好戏使得司马睿在江南地区站稳了脚跟，并奠定了此后东晋王朝的百年基业。

"王与马，共天下"

然而，正所谓事情往往都有两面性，王导导演的这台好戏也确定了东晋一朝的政治特征。这话怎么说呢？按照历史的一般规律，"飞鸟尽，良弓藏；狡兔死，走狗烹"，既然王导有这样的"再造晋朝"之功，那么司马睿怎样酬谢王导呢？或者因为王导功高震主，司马睿怎样防范王导呢？我们举个很能说明问题的例子。建武二年（公元318年）三月，晋愍帝司马邺被杀的凶讯传到建康，于是司马睿称帝，以延续司马氏的晋朝。司马睿称帝时，竟然拉着王导同坐御床。王导当然心中有数，他说："皇上好比太阳，如果太阳和天下万物一样，谁能普照万物呢？"司马睿这才没有坚持。为什么司马睿会有如此出格的行为呢？因为缺乏根基、性情比较软弱的司马睿很清楚，他能逃离纷乱的北方，来到相对安宁的江南，乃至因缘际会，以西晋开国皇帝司马炎叔父之孙的旁支身份开国称帝，实在离不开王导与王敦的文佐与武助。于是，东晋开国伊始，就形成了所谓"王与马，共天下"的政治格局，即王治天下，马有天下。

司马氏有天下，世家大族治天下，这样的君臣共享天下的局面，其实也是东晋一朝的政治特征。"王与马，共天下"以后，在此伏彼起、你衰我盛，各家都想分享皇权的掣肘之间，以庾亮为代表的颍川庾氏、以桓温为代表的谯国桓氏、以谢安为代表的陈郡谢氏、以王恭为代表的太原王氏，你方唱罢我登场，与皇族河内司马氏并肩，演出了一幕又一幕的大戏与小戏、喜剧与悲剧，而总结归纳其基调，就是"庾与马，乱天下""桓与马，争天下""谢与马，安天下""王与马，弱天下"。这就是东晋一朝的门阀政治，这样的门阀政治既一以贯之，又有阶段演变的特征。这样的门阀政治，又可谓迥异于中国传统的"皇权政治"。到了东晋末年，随着出身寒素、军功显著的彭城刘裕的崛起，"刘与马，禅天下"。公元420年，历时百余年的东晋王朝灭亡，以内部禅让为时代特征的南朝宋、齐、梁、陈登上历史舞台，王朝政治也重新回归"皇权政治"的常态。

堪称"千古一相"

通过上面的叙述与讨论，王导其人在中国历史上的非凡地位也就可想而知了。从政治形势上说，王导辅佐司马睿立国江南，可谓再造晋朝，虽然再造的晋朝只拥有南方半壁江山，而且由"王与马，共天下"发端，流衍出历时百余年的、难以评说的东晋门阀政治。从民族文化上说，则诚如陈寅恪先生之言："王导之笼络江东士族，统一内部，结合南人北人两种实力，以抵抗外侮，民族因得以独立，文化因得以续延，不谓民族之功臣，似非平情之论也。"这样的王导，是否可以与秦始皇嬴政相提并论？如果说嬴政作为"千古一帝"，是中国政治制度与广袤疆域的奠基者，那么王导作为决定"东晋南朝三百年之世局"、延续汉族政权与传承华夏文化的大功臣，被称为"千古一相"，应该并不过誉。

有趣而巧合的是，堪称"千古一相"的王导大概不会想到，在他于永嘉二年三月三上巳节导演的这台政治好戏之后，仅仅过了40多年，永和九年（公元353年）三月三上巳节，他的堂侄王羲之主持的一场文化大会竟然同样被传颂千年。

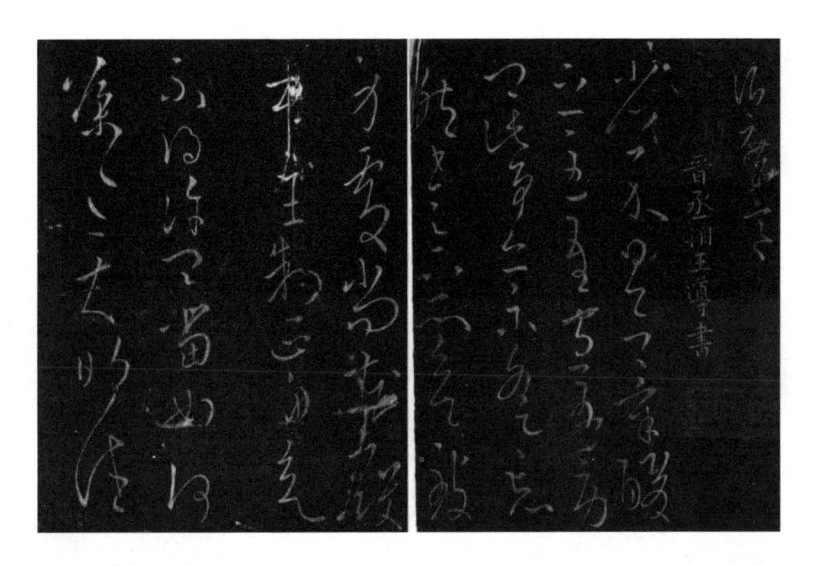

东晋王导《省示帖》

犹有诗酒雅集

文：胡阿祥

率性而为的名士

永嘉二年三月三上巳节，王导导演了一台政治好戏，并成就了他"千古一相"的美誉。巧合的是，仅仅过了40多年，永和九年三月三上巳节，王导的堂侄王羲之主持的一场文化大会，竟然同样被传颂千年。

被誉为"书圣"的王羲之，年轻时就不同凡俗，曾以"东床坦腹"的随便应付郗家郑重其事的择婿。当时世族之间相互联姻，太尉郗鉴有意与琅邪王氏结成亲家，于是派门生送信给丞相王导，想在王家子侄中选一位女婿。王导对信使说："你到东厢房去，任意挑选吧。"信使回去后，向郗鉴汇报说："王家诸位郎君都值得称道，听说您来选婿，个个显得端庄严肃，只有一位郎君，在坐榻上袒胸露腹地躺着，一副若无其事的样子。"郗鉴却说："就是这位好！"再去打听，原来是王羲之，于是王羲之就成了郗鉴的女婿。

王羲之特别喜欢鹅，他听说有位独居的老太太养了一只"善鸣"的鹅，就带着亲友们专程去看，结果老太太热情地宰鹅招待，引得他叹息良久。后来他又听说有位道士养了一群好鹅，非常想买。道士说："你为我写《道德经》吧，我都送给你。"他欣然命笔写就，然后"笼鹅而归，甚以为乐"。作为名士的王羲之，他的率性而为由这些流传甚广的逸闻趣事可见一斑。

兰亭雅聚

永和九年三月三上巳节，在这个全民娱乐的盛大节日，时任会稽内史即相当于现在绍兴市市长的王羲之，邀请来自诸多世家大族的好友与自家的子侄，共赴"会稽山阴之兰亭"，举行曲水流觞、行酒赋诗的雅聚。名士们列坐在蜿蜒的溪水两旁，然后由小书童在上游将盛满米酒的耳杯放入溪流中。酒杯随水缓缓自流，流到谁面前，谁就取饮并即兴作诗，如果作不出诗，就得另外罚酒。结果26人成诗37首，包括四言诗14首、五言诗23首，而包括王羲之七子王献之在内的另外16人，"不能赋诗，罚酒各三斗"。我曾一时兴起，想算算三斗酒是多少，结果吓了一跳。当时一斗大约等于2000毫升，三斗就是6000毫升，等于现在的12斤。这么罚酒，即便是当时酒精度只有十几度的低度米酒，即便当时的名士大多既好酒也能喝，多数人还是会被罚得大醉的。如此看来，王羲之主持的这场东晋版的"中国诗酒大会"，比今天的"中国诗词大会"难度更大，因为参加这样的大会，不仅要文思敏捷、出口成诗，而且要有酒量、酒胆打底子。

兰亭雅集图

文化遗产与历史传奇

当然，除了罚酒的趣事以外，这场"东晋诗酒大会"还留给后世多方面的文化遗产和世人津津乐道的历史传奇。

第一是在诗歌方面。这场大会文人雅集，集中创作的诗歌数量是有史以来文人雅集活动中最多的，总体来看质量也颇高。尤其是王羲之、谢安、谢万、孙绰、孙统等名家的诗作，多以自然山水为背景，抒发畅神、散怀、悟道的心境，风格清雅幽深，可以说是哲学化的玄言诗向自然化的山水诗的过渡，甚至就是山水诗，从而开启了中国诗歌的新风貌。我们选读一首向称"兰亭之冠"的谢万的四言诗，感觉一下韵味："肆眺崇阿，寓目高林。青萝翳岫，修竹冠岑。谷流清响，条鼓鸣音。玄崿吐润，霏雾成阴。"诗的大意是这样的：尽情眺望崇山峻岭，放眼注目高树丛林。看那青绿的藤萝遮蔽了山洞，修长的竹篁冠盖在山顶。听那峡谷中的淙淙溪流，发出清脆美妙的声响，如同鼓鸣。青黑色的岩石渗着点点水珠，显得何等温润；随风飘浮的迷离细雾，营造出一派阴凉。这首诗通篇都是景物描写，美妙优雅，明白晓畅，饱含着对大自然的由衷热爱，投注了对山水的无限眷恋，相较抽象玄奥、晦涩难解的玄言诗，无异于文学的革命。

第二是在书法方面。当时诗酒大会结束后，众人意犹未尽，提议把这些诗汇编成集，并公推东道主王羲之作篇序言。王羲之一番客气之后，乃于酒酣耳热之际，用鼠须笔在蚕茧纸上即席作序，心手两畅，物我两忘，写出了后来被尊为"天下第一行书"的《兰亭集序》草稿。这篇《兰亭集序》，从书法言，那是结体随意，潇洒飘逸，字字精妙，如行云流水，字里行间似乎凝聚、展现了山水的秀美、宇宙的奥妙、世事的变迁、人生的感悟。后来在书坛撑起大旗的唐朝颜真卿留下的《祭侄文稿》，也要退居其次，称为"天下第二行书"。

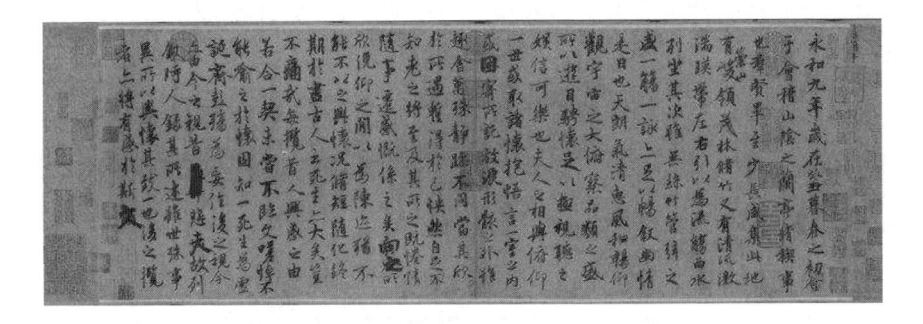

《兰亭集序》摹本

第三是在传奇方面。遗憾的是，我们今天看到的《兰亭集序》，虽然被推为中国书法艺术的典型象征，但其实只是唐朝的摹本。可以想象，那出自王羲之之手的真正的《兰亭集序》，应该更是惊天杰作。那么，《兰亭集序》的原件在哪里呢？这关联着一个传奇故事。依据唐人何延之《兰亭记》的记载和我的老师卞孝萱先生的考证，《兰亭集序》作为王家的传家宝，代代相传，到了王羲之七世孙、俗名王法极的智永和尚手里，因为他没有后代，临终时就托付给了弟子辩才。这时已经是唐代了，唐太宗李世民非常崇拜王羲之，对《兰亭集序》梦寐以求，他从同为智永弟子的虞世南处得知《兰亭集序》在辩才那里，经过几次讨要而不得，于是与房玄龄议出了一个下作的计策，即派足智多谋又颇富文人气质的御史萧翼前往越州，即今绍兴，设法"赚"取。萧翼扮作书生模样，"微服"来到越州，结识了辩才。就在双方关系日益亲近时，萧翼拿出了随身所带的王羲之、王献之"二王"的散帖，并炫耀此为世间的珍宝，而放松了警惕的辩才也取出秘藏的《兰亭集序》，认真地与之一较高下。其后，趁着辩才外出，萧翼盗出了《兰亭集序》。等到辩才回到永欣寺，已经换上官服的萧翼正告辩才："奉敕遣来取《兰亭》。"肝肠寸断的辩才经此打击，不久就离开了人世，而骗得《兰亭集序》真迹的唐太宗自是大喜过望。唐太宗李世民驾崩后，中书令褚遂良上奏唐高宗李治："《兰亭集序》既是先帝特别看重的珍宝，就不可由后人留存。"于是《兰亭集序》成了唐太宗的殉葬品，"入住"今陕西礼泉县九嵕山的唐太宗昭陵，从此与世隔绝，不知何时才能重见天日。

第四是在文章方面。一气呵成的《兰亭集序》，不仅书法堪称"神品"，"画龙点睛"的文章也堪称千古名作。文章既描述了上巳节俗，赞美了自然环境，也抒发了文人情怀，肯定了生命价值。

我们不妨欣赏一下这篇名作的前半部分："永和九年，岁在癸丑，暮春之初，会于会稽山阴之兰亭，修禊事也。群贤毕至，少长咸集。此地有崇山峻岭，茂林修竹；又有清流激湍，映带左右，引以为流觞曲水，列坐其次。虽无丝竹管弦之盛，一觞一咏，亦足以畅叙幽情。是日也，天朗气清，惠风和畅，仰观宇宙之大，俯察品类之盛，所以游目骋怀，足以极视听之娱，信可乐也。"

在感慨了一番"情随事迁""修短随化""后之视今，亦犹今之视昔"以后，文章最后写道："虽世殊事异，所以兴怀，其致一也。后之览者，亦将有感于斯文。"如此笔致优美、节奏铿锵的文章，可谓自然与深情最完美的结合。

第五是在形式方面。的确不出王羲之"后之览者，亦将有感于斯文"的预料，东晋的这场诗酒大会，经过《兰亭集序》的倾情演绎与书法推助，辅以从佛寺到唐宫再到昭陵的传奇故事，被后世竞相效仿。自此之后，文人雅士们时常曲水流觞，吟诗作赋，放情山水，对话自然。比如从南北朝开始，历唐、宋、元、明、清直到近现代，每隔一段时间，就有一批文人、书家相聚兰亭，举办雅集活动。这样的雅集活动，还辐射到全国许多地方，甚至传播到日、韩等国。由此，综合了山与水、诗与酒、画境与心情、名士与书圣、第一行书与千古美文的兰亭雅集，逐渐成为华夏传统的一种独特意象，中国文化的一道优雅景观。推而言之，如果我们今天能在已经被列入"国家标准"的三月三上巳节这个传统节日里继续开展类似活动，把拔除污秽的民间节俗与传承文化的国家战略结合在一起，就会赋予这个古老节日以新时代的内涵。如果大家也"有感于斯文"，不妨在以后的农历三月三去往绍兴兰亭风景区，切身体验一番兰亭雅聚的风流，亲自追怀流觞赋诗的盛宴，进而感悟历史的深刻与文化的魅力。

《金谷诗序》与《兰亭集序》

其实，早在公元296年，朝廷大官石崇就在首都洛阳他的别墅金谷园里主持过一场连续几天的诗酒大会，众人流觞、赋诗、罚酒。作为主持人，石崇还写成了《金谷诗序》。这些与50多年后王羲之主持的兰亭聚是一样的。换言之，从形式到内容，可以说王羲之都是学石崇。而且非常有意思的是，当王羲之听说有人把他的兰亭聚与石崇的金谷宴进行类比，把他300多字的《兰亭集序》与石崇200多字的《金谷诗序》相提并论时，还很是欣慰与欣喜。然而，令人深思的是，石崇其人的品行太过不堪，阿谀奉承、趋炎附势、穷奢极欲、荒淫无耻，导致当时声名显赫的金谷宴、优美铿锵的《金谷诗序》，后来几乎完全被兰亭聚、《兰亭集序》盖过。时至今日，大概除了专业人士外，已经很少有人知道金谷宴与《金谷诗序》了。这样的历史事实与文化现象，说明富贵豪奢、寻欢作乐、醉生梦死之徒，毕竟如同一闪而过的浮云，容易消逝；而胸怀旷逸、灵秀自然、风流雅致的名士，则如风如雨，风靡后世，雨润后世，令人长久地向往与追忆。即如兰亭诗酒盛会的主持人王羲之，不仅成为融入山水、风流潇洒的东

清华嵒《金谷园图》

晋文化的代表人物，而且被后世尊为"书圣"，甚至得与"文圣"孔子并列。明朝的项穆就说："宣尼、逸少，道统书源，匪不相通也。"宣尼是指孔子，逸少是指王羲之；孔子是立于高山之巅的思想文化巨人，王羲之是立于高山之巅的艺术文化巨人。

乱世与异象交织而成的魏晋南北朝历史，就是这么意蕴丰富，启示深刻。祸害天下的"八王之乱"是这样，立国江南的名臣王导也是这样，兰亭雅聚的名士王羲之还是这样。而顺着这样的思路说下去，著名的"菩萨皇帝"梁武帝萧衍的糊涂行事与悲惨结局，留给今人的鉴戒教训尤其是这样。

"菩萨皇帝"萧衍

文：胡阿祥

英才、庸才、蠢材

太清三年（公元549年）五月初二，已被侯景囚禁的"菩萨皇帝"梁武帝萧衍病卧在建康宫城净居殿中，他觉得口中苦涩，向看守要蜜吃，却遭到拒绝。他连叫两声"嗬！嗬！"，随即驾崩。在中国古代皇帝中，萧衍是少有的寿星老，享年86岁，仅次于享年89岁的清朝乾隆皇帝。而萧衍作为梁朝的缔造者，在位时间长达47年，几乎伴随梁朝的始终。

如果单看萧衍的悲惨结局，可能会将萧衍与其他亡国皇帝等同视之，认为他不是荒淫无道如秦二世，便是懦弱无能如汉献帝。但事实并非如此，否则他也不会取代齐朝，开创梁朝，更不可能维持近半个世纪的统治。他曾经勤于政务，孜孜不倦，敢于纳谏，开明有为。他生活俭朴，不好酒色，一冠三载，一被两年，而又衣冠楚楚，仪表整洁。他多才多艺，博通文史，在他的倡导与鼓励下，梁朝文治大兴，获得了东晋以来200余年间"文物之盛，独美于兹"的赞誉。那么，这样一位开国皇帝，为何落得饿死台城、丧失国祚的

梁武帝萧衍像

下场呢？这要从他在军事、政治、文化等方面的一系列不当举措以及晚年的昏庸说起。

萧衍曾经可谓威武雄壮、运筹帷幄的军事英才。他在担任南齐冠军将军时，已经得到北魏孝文帝"闻萧衍善用兵，勿与争锋"的评价。他从襄阳起兵，志在推翻昏君萧宝卷的统治时，准备充分，布置周密。他亲率大军，勇夺天下。然而，夺得天下以后的萧衍，逐渐由军事英才变成庸才，乃至蠢材。庸才事例如修筑浮山堰，蠢材事例如接纳侯景。

先说修筑浮山堰。公元514年，北魏降将王足向萧衍建议，在淮河上选择狭窄之处筑坝拦水，抬高水位，然后以水为兵，淹灌北魏军事重镇寿阳城。虽然水工勘查后认为淮河内部沙土轻浮，不够坚实，无法筑坝，但萧衍仍一意孤行，任命近臣康绚组织20万军民，在淮河南岸的浮山与北岸的巉石山同时开工，分头筑坝。次年初夏，堤坝即将合龙之际，雨季来临，淮水暴涨，冲垮大坝。施工者在采取了沉铁、

塞木、填石、夯土等措施之后，终于在天监十五年（公元516年）四月修成了浮山堰这座拦淮大坝。浮山堰下阔约合336米，上广约合108米，总高约合48米，坝前水深约合47米，总蓄水量则达到100亿立方米以上，其规模之宏大、气势之壮观，可以想见。浮山堰修成后，的确给魏军带来了一些麻烦与不便。不过，这座耗费巨资、牺牲众多生命垒砌而成的水上大坝，因为"逆天地之心，乖民神之望"，不到半年就再次溃决，并造成了"缘淮城戍村落十余万口皆漂入海"的灭顶之灾。一次旨在打击北魏军力的行动，变成了一场反噬自身的悲剧，主事者萧衍之庸才，由此可见一斑。

萧衍作为蠢材的典型事例，则是接纳东魏叛将侯景，引狼入室，并由此葬送了自身的性命与自己缔造的梁朝。侯景，北魏怀朔镇鲜卑化的羯人。在北魏末年的大乱中，他先后投靠权臣尔朱荣、高欢，并凭借战功，一路晋升，公元541年位至东魏河南道大行台，成为手握10万重兵、专制河南的封疆大吏。他曾口吐狂言："高欢在，我不敢怎么样；高欢如果不在了，我不能与高澄共事。"武定五年（公元547年）正月，高欢驾崩，高欢长子高澄强征侯景入朝。侯景于是举兵反叛，在欲投西魏无果后，二月又上表萧衍，表示愿倾河南全境十三州之地投靠梁朝。巧合的是，就在此前不久，萧衍梦见中原敌国有人拥地来降，如今果然如此，于是萧衍不顾群臣的强烈反对，接纳了侯景这颗极为诡诈、反复无常的"定时炸弹"，还封其为河南王、大将军，都督河南北诸军事。其时局势极为复杂，东魏大军南下，西魏军队东进，梁朝援军北上，而局势演变的结果是，东魏大败梁朝援军，并俘获主帅贞阳侯萧渊明；侯景丧师失地，仅率800残部渡淮而南；梁朝与东魏重新通好，侯景被梁武帝弃卖。关于侯景被梁武帝弃卖的过程，史籍记载：已经身价大减的侯景为了摸清萧衍对他的真实态度，伪作东魏书信，表示愿以被俘的萧衍侄子、贞阳侯萧渊明交换叛将侯景。萧衍堕入计中，回信"贞阳旦至，侯景夕返"。于是，太清二年（公元548年）八月，进退失据的侯景在寿阳（今安徽寿县）起兵叛乱，终结梁朝政权的侯景之乱由此爆发。

承平日久的萧梁政权，本来已经内部矛盾尖锐，军队战力极差，而萧衍又闭目塞听、麻痹轻敌，盲信长江天险，造成了诸多失误。很快，侯景就在负责建康防务的临贺王萧正德的接应下渡过长江，攻入建康。太清三年三月，皇宫所在地台城也终于陷落，萧衍沦为阶下囚。侯景则先后虚立萧衍侄子萧正德、萧衍第三子萧纲、昭明太子萧统之孙萧栋为帝，天正元年（公元551年）十一月又自立为帝，国号汉。其实，在太清三年三月萧衍被俘后，梁朝已经名存实亡了。

侯景像

纵容皇族

讲到这里，真是令人费解，曾经的军事英才，何以逐步退化成庸才以至蠢材？我想，天下万物都是此消彼长的，打天下时的军事英才，变成坐天下时的军事庸才与蠢材，往往联系着心智的迷失。梁武帝萧衍就是这样的典型，正是他的执政风格导致的赏罚无章、信仰取向导致的无心朝政，最终使他吞下了身死国灭的恶果。

先从直接的方面来说。无疑，侯景是虐杀萧衍的直接凶手，但是问题在于，从侯景兵临建康城下到最终攻破台城的四个多月时间里，难道没有前来勤王的军队吗？事实上，台城战事胶着之际，萧梁宗室与宠臣率领的各路勤王军队已经源源不断地开到了建康，只是这些军队或一战失利，即不复言战；或相互猜忌，难以合作；或各怀鬼胎，干脆就作壁上观。他们更像是在"坐等"台城陷落，萧衍驾崩。事实也正是这样，当台城陷落后，各路援军即行散去，萧梁宗室开始了殊死的皇位争夺，其情形就与我在前面讲过的西晋"八王之乱"相仿。那么，萧梁宗室与宠臣为何如此令人寒心呢？这与萧衍本人的优容宽纵实在密不可分。

我们知道，梁朝之前的齐朝是由萧衍的族人萧道成建立的。齐朝虽被梁朝取代，但灭亡它的最大"功臣"不是萧衍，而是齐朝的皇帝们，尤其是齐明帝萧鸾大肆诛灭宗室，齐废帝萧宝卷滥杀功臣，导致萧齐只存在了23年，成为南朝宋、齐、梁、陈4个王朝中最短命的一个。再往前看，刘宋王朝后期的诸位皇帝，同样屡次剪除宗室，动辄扑杀功臣，从而加速了王朝的灭亡。接受了前朝的这些教训，加上萧衍开国称帝时年方39岁，春秋正盛，其性格又素来仁厚，所以他不仅对前朝宗室宽宏大度，更对本朝臣子相当纵容，尤其是对兄弟子侄等皇族，简直可以用"溺爱"二字来形容。他大封兄弟子侄为王侯，并让他们掌握兵权，镇守四方。如果说这些还可算是对待皇族的常规政策，那么很多过度宠溺的行为就让人难以理解了。比如他对待自己的六弟临川王萧宏，就像大海一样宽容。公元505年，萧衍任命萧宏统率大军，北伐北魏。彼时梁军"器械精新，军容甚盛，北人以为百数十年所未之有"。然而有天夜里，突降暴风雨，军营出现骚动，萧宏以为魏军前来袭击，竟然率数骑弃军逃跑。全军将士失去主帅，纷纷离散，弃甲投戈，结果损失近5万人，魏军则乘势大举进攻淮南地区。萧宏犯下如此大罪，萧衍对他却无任何惩罚。既然如此大罪都可获得原谅，那么生活奢靡、贪污敛财之类的行径更是"小儿科"了。有一次，萧宏被揭发蓄意谋反，萧衍亲临萧宏住宅查看。待看到萧宏库房内的钱帛财宝不计其数，但未有兵器时，萧衍笑道："阿六，你日子过得真爽啊！"

慈母多败儿，萧衍对皇族毫无底线的宽纵，也给自己带来了杀身之祸。暗中接应侯景叛军渡江并献出建康城门的临贺王萧正德，正是萧宏之子。萧正德曾为萧衍养子，萧衍立亲生长子萧统为太子后，萧正德遂怀怨恨，竟然叛逃北魏。北魏知道其人顽劣，不加礼遇，萧正德无奈之下又逃了回来。然而，就是这样一个恶棍，竟然也得到了萧衍的原谅，既封王，又领兵。侯景之乱爆发时，作为内奸的萧正德竟然还是首都防务总管，最终成为侯景饿死萧衍的第一帮凶。

崇佛乃至佞佛

那么，萧衍对待皇亲国戚、世家大族、文臣武将这般没有原则地宽纵宠溺，原因究竟何在呢？我想，其中相当关键的原因应该与他笃信佛教有关。

佛教自东汉时传入中土，及至东晋十六国南北朝时，已经成为上层士族与底层民众的重要信仰，萧衍则是中国历史上沉溺佛事最深、崇拜佛教最切的皇帝。早年的萧衍兼修儒、佛、道三教，然而开国称帝伊始，他就转向信仰佛教，乃至走上佞佛的迷途。天监元年（公元502年）四月初八，萧衍选择"浴佛节"也就是佛诞日即皇帝位。天监十八年（公元519年）四月初八，萧衍受菩萨戒，成了一名真正的佛教徒，法名"冠达"。公元527年、529年、547年，萧衍三次舍身同泰寺，短则4天，长则48天。朝廷不可一日无君，公卿群臣只能捐积成亿的巨资，将他赎回。为了宣传佛教，萧衍组织了近30次的佛学讨论会、四部无遮大会、水陆法会、盂兰盆会，并且屡次登坛，讲解佛经。萧衍沉迷于对佛理的探索，身体力行地注解佛经，撰写佛教著作。为了推广佛教，萧衍集中了大量的人力、物力，编撰、翻译佛典。至于广造佛寺、大铸佛像，更是家常便饭。如此佞佛的梁武帝萧衍，到了晚年，遂被臣下称为"菩萨皇帝"。

应该说，梁武帝的崇佛乃至佞佛，在推进佛教中国化方面起到了重要作用，比如汉地佛教徒吃素的风习，就是因梁武帝的提倡而普遍起来的。再说，如果统治者善于利用，那么佛教也是稳定社会的有力工具。但正所谓"过犹不及"，凡事都要有度，像梁武帝这样极度佞佛，弊就远大于利了。诚如当时臣子郭祖深的上言："都下佛寺五百余所，穷极宏丽。僧尼十余万，资产丰沃。所在郡县，不可胜言……天下户口几亡其半。"又如南宋史学家李焘的感叹："武帝崇尚浮屠，舍身施佛，今日造一寺，明日建一塔；将帅之谋不暇顾问，军旅之事岂复究怀……所以侯景举河南之地来降，不能深思远虑，而堕其奸计。"又如北京大学周一良先生的批判："萧衍由于迷信佛教而引起的政治、经济等各方面的恶果，和南朝许多皇帝之荒淫奢侈带来的后果，没有甚么不同。"这"没有甚么不同"的"后果"，就是政治的腐败、朝政的混乱、经济的危机、权贵的骄纵、社会的矛盾、人口的流失；就是秣陵老人的拦路劝谏，"陛下为法，急于黎庶，缓于权贵，非长久之术"；就是曾经雄才大略的梁武帝萧衍，就此丧失了驭众、统军的锐气，失去了治国、理政的才能。如此这般的梁朝，也终于走向末路，只待一个掘墓人的到来了。而这个掘墓人，竟然就是梁武帝主动接纳的叛将侯景。

太清三年三月，当永安侯萧确闯入宫中，向卧在床上不动的梁武帝启奏台城已经陷落时，梁武帝静静地问道："犹可一战乎？"萧确回答："不可。"梁武帝一声长叹："自我得之，自我失之，亦复何恨！"一代"菩萨皇帝"萧衍是否真的"无恨"，我们不得而知，我们确实可知的是，前明后暗，前期清醒有为、后期糊涂昏庸的梁武帝，留给今人的教训是深刻的、残酷的，留给当时的遗产则是国家的战乱与分裂。那么，这样战乱、分裂的政局又由何人收拾呢？

晚年梁武帝像

陈朝兴亡

文：胡阿祥

霸先开国

在《二十四史》中，《陈书》的篇幅最短，中华书局点校本只有薄薄的两册。然而，历时32年的短暂的陈朝，其开国的艰难、失国的轻易，却鲜活地诠释了中国传统时代王朝政治的许多规律，其中的经验值得今人记取，其中的教训值得今人警惕。

陈朝的开国皇帝是陈霸先。陈霸先这位开国皇帝，在即位之前，可谓拔起垄亩，有安内御外之功。陈霸先是吴兴郡长城县即今浙江长兴县人，虽然家世寒微，却少有大志，富于谋略，处事果敢，爱读兵书，又练就一身武艺，所以颇为大家所推服。他从家乡的里司——相当于现在的村干部做起，一路勤勤恳恳，做到了岭南地区的"军分区司令"兼"地级市市长"。当内地发生侯景之乱、梁武帝饿死台城后，他接受梁武帝第七子、湘东王、荆州刺史萧绎的节度，公元550年从今广东韶关起兵，北上靖难，并与萧绎的大将王僧辩协力，于公元552年率先收复建康，平定侯景之乱。侯景之乱既平，萧绎在江陵即帝位，以王僧辩为太尉，坐镇建康；以陈霸先为司空，坐镇京口。两人成为梁元帝萧绎的左膀右臂。公元554年，北方的西魏政权攻陷江陵，梁元帝被杀，两人又在建康奉梁元帝第九子、12岁的萧方智为梁王。

陈霸先像

　　然而很快，陈霸先、王僧辩这对曾经并肩作战，还有结成儿女亲家之约的朋友就走到了水火不容、不共戴天的地步，而这与北方的北齐政权有关。胡族色彩浓重、军事实力强大的北齐，逼迫王僧辩、陈霸先接受他们的俘虏、梁武帝的侄子萧渊明为帝。在北齐武力进犯的要挟下，王僧辩妥协了，迎立萧渊明为帝，陈霸先则决不屈从北齐的淫威，决不拥立傀儡皇帝。当这一关系到国家正统、民族大义、华夏文化存亡的矛盾无法调和时，陈霸先袭杀了王僧辩，废除了萧渊明，重新拥立萧方智为帝，并奋勇抗击过江南侵的北齐大军。陈霸先的正义之举，得到了江南人民的支持。如绍泰二年（公元556年）五月，陈霸先与北齐10万大军在建康郊外决战，建康附近的百姓也同仇敌忾，奋起保家卫国。他们以荷叶包饭，里面夹着鸭肉，自发慰劳陈霸先的军队，相传南京特产板鸭就是由此演变来的。及至太平二年（公元557年）十月，经过一番禅让，建立了不世功勋的陈霸先取代梁敬帝萧方智，成为陈朝的开国皇帝。

江左贤帝

陈霸先这位开国皇帝，在驾崩之后获得了"江左贤帝"的美誉。明朝著名文学家归有光评价陈霸先"恭俭勤劳，志度弘远，江左诸帝，号为最贤"。所谓"江左诸帝"，指的是东晋、宋、齐、梁、陈

明代文学家归有光任长兴知县时，造访陈霸先故居，撰写了《圣井铭并叙》，由县丞吴承恩亲笔书写，刻石立碑，原置于陈霸先出生地圣井旁，现藏于长兴博物馆

五朝270多年间的36位皇帝，其中如东晋元帝司马睿、宋武帝刘裕、梁武帝萧衍，都是史书中评价甚高的开国皇帝。而既无显赫的家世背景，又无其他政治资本，在位仅21个月的陈武帝陈霸先却获得了"号为最贤"的高度赞颂，这凭什么呢？但凡开国皇帝，在新朝初建时，多会有轻徭薄赋、休养生息、体恤百姓、兴修水利、发展农业、恢复经济的举措与政策，陈霸先开国后，也不例外。但凡开国皇帝，总有他特别的能力与人格魅力，这在陈霸先身上表现得尤为明显。陈霸先英才卓越、文武兼资，从公元550年起兵戡乱，到公元557年称帝开国，短短7年多，即拥有天下。在南朝宋、齐、梁、陈的4位开国皇帝中，由知名当世而君临天下，要数陈霸先的速度最快。陈霸先豁达大度，知人善任，待人赤诚，比如他手下的一批开国的文臣武将，或是临阵被擒，或是力屈归降，或是被迫出仕，他却能当作亲信、视为心腹，委以重任。陈霸先生活俭朴，常膳不过数菜，后宫没有金翠重彩，不设女乐。如此这般，以陈霸先的隆功茂德，他获得"江左诸帝，号为最贤"的美誉，看来并不为过。

文帝、废帝、宣帝的功过是非

永定三年（公元559年）六月，57岁的陈朝开国皇帝陈霸先驾崩。祯明三年（公元589年）正月，陈朝灭亡。陈霸先以后的30年，陈朝经历了文帝陈蒨、废帝陈伯宗、宣帝陈顼、后主陈叔宝4位皇帝，其间的治乱兴衰、风雨沧桑，真好像一部厚重的史书，引人深思。

先说文帝陈蒨。陈蒨是陈霸先的侄子，陈霸先哥哥陈道谭的长子。陈霸先驾崩时，皇子陈昌还在北周为俘虏，于是陈蒨继位。陈蒨经历过穷苦的磨难、乱世的考验、战争的锻炼，还是叔父陈霸先征战四方的得力助手。陈蒨在位7年，励精图治。陈蒨初即位时，朝廷号令不出建康千里之外，他抗击北齐、北周的进犯，又剿抚相济，平定各地的豪帅，于是长江以南、巴蜀以东之地终告统一，陈朝有了比较稳固的疆土。陈蒨勤于政事，每天晚上都要命人不断打开寝宫小门，取来紧急奏章，连夜批阅。他又训示传更人交接木牌时，要将木牌掷在石阶上，以便发出声响，说"吾虽眠，亦令惊觉也"。陈蒨劝课农桑，整顿户口，复兴学术，传习儒教，礼贤下士，整肃朝纲，陈朝也由此进入了相对安定的一段时期。然而，天不假年，陈蒨45岁就英年早逝。相对武帝陈霸先的文韬武略，文帝陈蒨不仅能够守成，而且有所光大，可谓一位优秀的继承者。

再说废帝陈伯宗。陈伯宗是陈蒨的长子，性情懦弱，这样的皇太子其实难当重任。陈蒨病重时，也曾犹豫彷徨，并召弟弟陈顼见面，意欲"兄终弟及"。陈顼当然是拜伏哭泣，坚决推辞。而等到13岁的

陈伯宗像

陈顼像

陈伯宗继承大统，朝政果然为叔父陈顼所主持乃至把持。这样的状况又导致其他的顾命大臣抗颜于内，文帝陈蒨的部将又多作乱于外，于是陈朝的内外政局陷入动荡。陈伯宗在位仅仅两年多时间，就被陈顼取代。虽然从根本上说，叔父陈顼取代侄子陈伯宗的帝位，肯定属于宫廷政变，但对文帝陈蒨来说，是立年幼识浅的儿子陈伯宗，还是传能力出众的弟弟陈顼，确实是一件难以决断的大事。这就是中国历史上常常出现的一个难题，即在皇位继承问题上，是立长还是立贤，是传子还是传弟，有时颇费踌躇。在正常的情况下，皇位当然是传子、立长，而如果嫡长子难荷大任，那就非常麻烦了，硬传给嫡长子，可能皇权因此旁落，国家因此虚弱。而违反常规地立贤，由于贤不贤并没有客观标准，又极易引发皇子们的内讧、朝臣们的分裂。至于严重违反常规的传弟，那就不仅改变了皇位的传承系统，而且往往造成宗室之间的杀戮，乃至国家的虚弱、社会的动乱。

接着再说宣帝陈顼。陈顼是陈朝5位皇帝中在位时间最长的，达到了14年。陈顼在位前期，气度恢宏，造就了陈朝难得的中兴局面。比如他组织北伐，击败已经衰乱的北齐，恢复了江北、淮泗之地，陈朝的疆域由此达到最大规模。遗憾的是，陈顼意在划淮而治，未能乘胜推进，北周却伺机出兵，灭亡了北齐，统一了北方。陈顼在位后期，逐渐志大而才穷，导致陈朝迅速走向衰落。比如在北周灭北齐后，陈顼误判形势，再度组织北伐，结果丧师失地，长江以北及今湖南以西皆为北周所有，陈朝的疆土缩小到不及北周的三分之一，北周吞并陈朝由此成了必然趋势。这样的宣帝陈顼，真是功过难以评说。

叔宝亡国

最后再说后主陈叔宝。陈叔宝是陈顼的长子，他30岁即位之初，也曾宵衣旰食，励精图治，奖励垦荒，禁止奢靡，任用廉吏，采纳忠言，可谓政治清明。然而很快，陈叔宝就荒于酒色，不问政事。举例来说，陈叔宝在宫中筑起临春、结绮、望仙三阁，三阁外饰金玉珠翠，内设宝床锦帐，周围植以奇花异木，石山峥嵘，细流淙淙，仿佛人间仙境。陈叔宝住在临春阁，贵妃张丽华住在结绮阁，龚、孔二位贵嫔住在望仙阁。陈叔宝与妃嫔、文士们游乐宴饮、赋诗度曲、排练演唱于此，往往夜以继日，通宵达旦。陈叔宝自己写的《玉树后庭花》，所谓"丽宇芳林对高阁，新妆艳质本倾城。映户凝娇乍不进，出帷含态笑相迎。妖姬脸似花含露，玉树流光照后庭"，用词浮艳，风格绮靡，意境淫荡，后来成为亡国之音的代名词。唐人刘禹锡感叹道："兴废由人事，山川空地形。后庭花一曲，幽怨不堪听。"唐人杜牧也叹息道："商女不知亡国恨，隔江犹唱后庭花。"

正是在《玉树后庭花》一类的靡靡之音中，陈叔宝醉生梦死，其时奸佞掌政，纵横不法，上下欺瞒，于是众叛亲离，国将不国矣。祯明二年（公元588年）年底，隋朝的50多万大军兵分八路伐陈。祯明三年正月，隋军攻入建康，陈叔宝被俘，陈朝灭亡。而说起陈叔宝被俘的那一

阎立本《古帝王图》里的陈后主

幕，又让人唏嘘感慨。隋军入城，陈叔宝推开以身蔽井的忠臣夏侯公韵，藏匿到宫中的景阳井里。《资治通鉴》记载道："军人窥井，呼之，不应，欲下石，乃闻叫声；以绳引之，惊其太重，及出，乃与张贵妃、孔贵嫔同束而上。"呜呼哀哉，此时此刻，陈叔宝竟然还与两个心爱的女人不离不弃。这是怎样的女人呢？陈叔宝最为宠爱的贵妃张丽华，出身贫贱，容貌出众，发长七尺，乌黑光亮，回眸一笑，光彩照人。陈叔宝听取臣下奏请时，总让张丽华坐在膝上，两人一起商量决定，张丽华由此擅权。她勾结宦官，拉拢权贵，收受贿赂，卖官鬻爵。及至隋军抓获张丽华，晋王杨广也就是后来的隋炀帝意欲将她留作己用。为免此女再来祸害隋室，阵前大将高颎将她斩于建康青溪之畔。

开皇九年（公元589年）三月，陈叔宝被押往长安。在长安以及后来在洛阳的十几年岁月里，陈叔宝终日以酒为伴，少有清醒之时。公元604年，陈叔宝薨于洛阳，享年52岁。隋朝追赠其为大将军，封长城县公，赐恶谥为"炀"，葬于洛阳邙山。

隋文帝杨坚曾经目视着失国之君陈叔宝孤独离去的背影，对臣下说道："陈叔宝的失败与纵酒有关，倘若他将饮酒作诗的功夫用在国事上，岂会落得如此下场！当初贺若弼攻京口时，边将告急，陈叔宝正在饮酒，不予理会。高颎等人攻进宫城，看见告急文书扔在床下，竟然没有拆封。如此君主，国家怎能不亡！"

历史反思

以上我们历述了陈朝五位皇帝的事迹片段。出身寒微的武帝陈霸先，艰难开国，那是何等英雄了得；开国以后，又是何等恭俭勤劳。文帝陈蒨可谓守成的良主，兢兢业业，励精图治。废帝陈伯宗仁厚懦弱，难当大任，缺乏功业。宣帝陈顼虽然前期勤政努力，一时号称中兴，后期却又骄侈放任，致使国家迅速衰弱。至于后主陈叔宝，生于深宫之中，长于妇人之手，不知稼穑艰难，不知国势危殆，虽然喜好读书，擅长文墨，多有才艺，但忘记了自己的身份是皇帝，忘记了自己的使命是救国与济民，所以终究成了被后世引为鉴戒的典型的亡国昏君。

唐朝诗人李商隐的《咏史》诗有云："历览前贤国与家，成由勤俭破由奢。"这两句诗的意思是，纵览历史，无论是一个朝代还是一个家族，其成功都是出于勤俭，而衰败都是由于奢靡，这也是"打江山易，守江山难"的既浅显又深刻的道理。短暂的陈朝历史是这样，近400年的魏晋南北朝史、近4000年的中国王朝史，乃至古今中外的历史，又何尝不是这样呢？这就是历史给予今人的经验、教训与智慧！

五胡归华夏

文：胡阿祥

胡汉问题与侨旧问题

所谓"五胡十六国",是一个习用的说法。"五胡"指匈奴、鲜卑、羯、氐、羌5个非汉民族；"十六国"包括二赵即汉-赵、后赵,三秦即前秦、后秦、西秦,四燕即前燕、后燕、南燕、北燕,五凉即前凉、后凉、南凉、西凉、北凉,再加上成-汉、夏,一共16个政权。其实,从公元304年刘渊起兵称汉王起,到公元439年北魏灭北凉统一北方止,在这135年的时间里,"五胡"建立的政权不止这"十六国",这"十六国"也不都是"五胡"所建,比如还有代、冉魏、西燕等政权,而前凉、西凉、北燕、冉魏的统治民族也是汉族。那么,为何会出现"十六国"的合称呢？大概是因为上述的"十六国"皆有国史传世，北魏史学家崔鸿遂据之撰为《十六国春秋》，这才有了"十六国"的通常说法。简而言之，"五胡十六国"实际指的是从西晋末年到北魏初期，在中国北方及西部地区，由众多民族所建的众多政权。这些政权割据混战，蜂起递灭，不仅历史爱好者为之目乱神迷，就是历史研究者也常常生畏。

其实，透过"五胡十六国"极为错综复杂的历史表象，我们还是能够找到关键线索的。如果放大一些视野，错综复杂的东晋十六国南北朝历史的关键线索，在十六国北朝系统为胡汉问题，在东晋南朝系统为侨旧问题。所谓"胡"，是三国西晋时代不断内迁及十六国北朝时代先后入主中原的非汉民族；所谓"汉"，即十六国北朝时代北方的汉族士民。又所谓"侨"，主要指西晋永嘉之乱后不断南迁的北方官民；所谓"旧"，主要指三国西晋以来的南方土著。胡汉之间、侨旧之间既有颇多矛盾，也有多种形式的合作。胡汉之间因为有矛盾，引起了各样的文化冲突以及北方人口的迁徙南方；侨旧之间因为有矛盾，促成了各样的政治变迁以及侨州郡县的广泛设置。胡汉之间、侨旧之间又有合作，从而十六国北朝得以立国于北方，东晋南朝得以立国于南方。因此，研究东晋十六国南北朝的历史，把握胡汉关系、侨旧关系，可谓关键中的关键。而具体到"五胡十六国"，关键中的关键就是胡汉关系，就是作为"客家"的统治民族"五胡"与作为"土著"的被统治民族汉人的关系，就是"五胡"的逐渐"汉化"与汉人的沾染"胡气"。以下，我就由表及里地举例阐述这个主题，并以"五胡"的逐渐"汉化"为重点。

由表及里的汉化

先说最表层的国号。

上面所提到的常规的"十六国"以及代、冉魏、西燕共19个主要政权，其国号中的前、后、南、北、西、冉等字眼，都是后人加上去的。也就是说，这19个政权的国号用字只有汉、赵、成、凉、代、燕、魏、秦、夏9个字，其中成、凉、代这3个国号分别得自此前中原王朝的政区名称成都县、凉州、代郡，其余汉、赵、燕、魏、秦、夏这6个国号则是直接取用前代中原王朝或华夏国家的国号，即都带有强烈的攀附华夏文化、彰显国家正统的色彩。尤其是同属匈奴民族、一前一后的刘渊的"汉"国号与赫连勃勃的"夏"国号，这种色彩最为鲜明。

公元304年，刘渊称汉王，公元308年称帝，国号汉。刘渊之所以把他的匈奴政权称为"汉"，现实的考虑是"汉有天下世长，恩德结于人心"，有利于他争取汉人的支持，弥补自身实力的不足，历史的根据则是"吾又汉氏之甥，约为兄弟，兄亡弟绍，不亦可乎"。根据《晋书·刘元海载记》的记载，刘渊的祖先冒顿单于娶了汉朝的公主，并与汉高祖刘邦约为兄弟，故其子孙改姓刘氏。换言之，匈奴刘渊七绕八拐以后，竟然成了汉朝刘家的外甥。既然汉朝被魏国的曹家篡夺了，曹魏又被晋朝的司马家篡夺了，那么现在我作为刘家的外甥，当然可以名正言顺地继承汉朝。有了这层勉强且经不起推敲的关系，刘渊毅然祭起了尊汉进而复汉的大旗，他不仅确定国号为"汉"，而且追尊刘禅为孝怀皇帝，立汉高祖以下三祖五宗神主而祭之，把曹魏、司马氏的晋朝都视为篡逆，表明只有他的"汉"，才是"绍修三祖之业"，即继承高祖刘邦的"前汉"、世祖刘秀的

"后汉"、昭烈皇帝刘备的"季汉"的第四个汉朝。与刘渊定国号为"汉"大体相似,据说本是汉末三国时匈奴右贤王去卑之后,原来也姓刘的赫连勃勃,既宣称匈奴本是中国历史上第一个世袭制王朝夏朝的苗裔,又强调自己的远祖本是中国的疆域偶像大禹,"今将应运而兴,复大禹之业",遂于公元407年自称大夏天王,公元418年称帝,并定国号为"夏"。

我们知道,在中国传统帝制时代,国号既是家天下的标志,也是天命所归、万民拥戴的象征,乃至国家政治文化的符号。而"五胡十六国"中这些非汉民族政权定立汉式国号,在大单于、天王等尊号以外使用汉式尊号如皇帝,以及攀附华夏祖先,如鲜卑族慕容部、拓跋部自称黄帝之后,宇文部自称炎帝之后,氐族自称出于有扈,羌族自称出于有虞,如此等等,都表明了他们的政治考量或文化取向,即希望借此拉近与汉人的心理距离,向汉人示好,从而有利于他们在汉地的统治。这样的事实又说明,在中国古代,但凡非汉民族想在中原地区立国,就必须认可、接纳乃至融入汉地的历史记忆、政治系统与文化传承,这也就是我们常说的"汉化"。这样的"汉化",又从形式的层面直接反映了这些非汉民族不自外于中国,即中国不仅是汉族的中国,也是非汉民族的中国。

说过表层的国号,再说中层的制度。

从理论上说,非汉民族只要处在汉人的汪洋大海中,只要进入了汉族农耕区域,身份的变胡为汉,经济生活的变游牧狩猎为男耕女织,政治制度的实行中央集权专制统治,文化制度的遵从儒学孔教,就是一个或快或慢、或主动或被动,却不可逆转的过程。具体到"十六国"中那些非汉民族政权,当然也是如此。我们不妨以汉文化修养相对较差的羯族石勒及其创建的后赵政权为例。

石勒，上党郡武乡县（今山西榆社西北）人。他做过小买卖，为人耕过田，戴着枷锁被卖为奴，又在别人家做过奴仆。他的特别才能是相马。西晋"八王之乱"快结束的公元305年，他跟随山东一个牧马场的牧帅汲桑起兵，从此开始了他的发迹之路。历经十几年的征战拼杀、疆场驰骋，他受封为匈奴刘氏前赵政权的赵王。公元319年，他独立建国，称赵王，公元330年称帝。这样一个由奴隶到将军，又由将军到皇帝的武夫，汉文化修养当然无可称道。

然而就是石勒，早在公元309年起兵初期，就收罗河北地区的汉族衣冠人物，建立"君子营"，为他出谋划策；公元319年建国伊始，就参照汉晋制度，制礼作乐，设官分职，恢复士族制度，营建社稷与宗庙；公元330年称帝后，更是劝课农桑，减租缓刑，求贤纳谏，重视儒家经典，推广儒学教育，信任汉族士人。石勒虽然不识字，却经常让人读经说史，当听到《汉书》里郦食其劝汉高祖刘邦立六国后代为王侯时，他大惊道："这种做法大错，会失去天下的！"及至听到张良劝阻了刘邦，他又说："幸亏有这个人啊！"既然石勒这个大老粗都

宋末元初钱选《石勒问道图》。"石勒问道"是古代绘画中的常见题材

热衷于了解汉族经史，推行汉家制度，那些汉文化修养颇高的胡族君主，比如石勒之前的匈奴刘渊、鲜卑慕容廆，石勒之后的氐族苻坚、羌族姚兴，就更不用说了。

说过表层的国号、中层的制度，再说深层的思想。

思想是指导行动、决定实践的根本。胡族政权采用汉式国号、推行汉家制度，反映了胡族君主的"汉化"选择，但在那个分裂战乱、胡汉杂糅的时代，"汉化"毕竟不是令胡族君主开心的事情。至于来自本民族内部皇亲国戚的反对、文臣武将的质疑以及广大部众的不理解，也是可以想见的情形。因此，胡族政权的"汉化"其实充满着艰难险阻，呈现出屡有反复的特征。而一旦强有力的胡族君主在汉人士大夫的影响与汉地大环境的作用下，真正从内心深处、从思想高度融入了汉人与汉地，那就脱胎换骨，成了文化意义上的华夏皇帝。而一旦成了华夏皇帝，自然就会去做华夏皇帝的事情，具体到天下分裂的十六国时代，那些胡族血统、汉族文化、雄才大略的皇帝最想做成的事情就是统一。但是，统一谈何容易！能否统一，与各方力量的对比、天下民心的向背有关，还联系着军事策略的运筹帷幄、时机把握的准确到位甚至战争进程的瞬息万变，无论哪个方面失算或者出错了，都可能导致失败的结果，甚至陷入万劫不复的境地。

淝水之战

讲到这里，大家或许会想到淝水之战。的确，在我看来，氐族前秦皇帝苻坚志在灭亡汉族东晋王朝的这场淝水之战，既是苻坚成为华夏皇帝以后的必然行动，也是把苻坚锻造成华夏皇帝的汉人丞相王猛的遗憾，还是仿佛刘备与诸葛亮君臣的苻坚与王猛君臣的悲剧。这话怎么理解呢？

从战争的发动者苻坚来看，公元382年，他在长安太极殿大会群臣，无限感慨地说："吾统承大业垂二（三）十载，芟夷逋秽，四方略定，惟东南一隅未宾王化。吾每思天下不一，未尝不临食辍餔，今欲起天下兵以讨之……于诸卿意何如？"看这口气，似为商讨，其实苻坚伐晋大计已定，谁都劝不回头。

王猛像，出自《无双谱》

从战争的劝谏者王猛来看，公元375年，王猛临终之际，特别告诫一向对他言听计从的苻坚说："晋虽僻陋吴越，乃正朔相承……臣没之后，愿不以晋为图。鲜卑、羌虏，我之仇也，终为人患，宜渐除之，以便社稷。"不过，志在统一的苻坚这回没有听从王猛的苦口良言，安葬王猛时，苻坚的话竟是："天不欲使吾平一六合邪？何夺吾景略之速也！"景略是王猛的字。

从战争的结果来看，公元383年，近90万前秦大军败于约8万东晋军队，东晋乘胜收复河南地区，前秦则土崩瓦解，迅速陷入四分五裂的局面。至于苻坚本人，先被战场上的流箭射伤，单骑逃至淮北；继而回到长安，很快就被叛秦自立的羌族姚苌、鲜卑慕容冲围困。公元385年，苻坚被姚苌俘获，惨遭缢杀，终年48岁。

关于淝水之战前秦惨败、国家崩溃的原因，史学大师陈寅恪先生指出：苻坚所以坚持发动战争，原因在于"当时中原衣冠多随东晋渡江，汉人正统似在南方……只有攻取东晋，推行汉化，方可统一胡汉"；而淝水战败，导致前秦立即瓦解的关键则在于"鲜卑、羌人无损失，损失的都是本部的氐人"，在于前秦虽然在政治上统一了北方，但其境内极为复杂的民族关系问题远未得到解决。简而言之，前秦不能一举吞并东晋的原因，"主要在于内部民族与文化问题没有解决"。

总结一下，通过以上国号、制度、思想以及相关联的军事、文化、民族等方面的讨论，我们可以感悟到"五胡十六国"历史的艰难曲折，以及导致这种艰难曲折的胡汉关系。而回到本节的题目"五胡归华夏"，按照通常的说法，这是"五胡乱华"的时代，其实如果我们反向思维，这更是"华乱五胡"的时代，因为如果没有华夏西晋王朝的"八王之乱"，怎么会有"五胡"的崛起与百年动乱？如果我们进一步反向思维，这个"五胡"入主中原的时代，更是"五胡"归心华夏的时代，正是经过伴随着血与火洗礼的"五胡归华夏"，华夏民族的成员才更加丰富，文化才更加灿烂，生命才更加茁壮。这就是"五胡十六国"历史的主旋律，也是北朝历史的主旋律。

十六国时期北方民族战争图，右上角的重骑兵是五胡的主要战力

孝文迁都与太子之死

文：胡阿祥

征服与被征服

公元383年淝水之战后，北方大地再次陷入分裂割据、征伐混战的局面，众多部族在前秦的废墟上创建或重建了自己的政权，十六国历史进入后期。公元386年，发源于大兴安岭、崛起于漠南草原，以拓跋珪为王、以盛乐（今内蒙古和林格尔）为都的鲜卑族拓跋部重建代国，旋即改"代"为"魏"，史称"北魏"。公元398年，北魏迁都平城（今山西大同），拓跋珪称帝。历经道武帝拓跋珪、明元帝拓跋嗣、太武帝拓跋焘三代皇帝的努力，北魏终于在公元439年荡平各国，统一北方。与此同时，在南方，出身北府兵的大将刘裕在公元420年

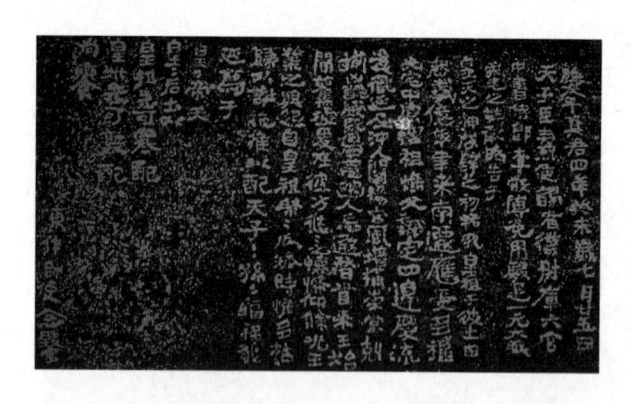

取代东晋，创建宋朝。北魏与刘宋，形成了剑拔弩张的南北对峙态势，历史由此进入了南北朝时期。

北魏是依靠强大的军事力量征服中原的。然而，纵观历史，所有进入汉地的游牧民族最终都免不了成为文化上的被征服者。为了统治数量众多的汉族臣民，北魏政权不得不接受汉族文化。但为了避免本民族在汉族的汪洋大海中被同化，北魏统治者又采取了一系列措施甚至严酷手段，以对抗"汉化"。究竟是顺其自然、接受汉化，还是保持传统、恪守旧制，成为北魏历史的一条主要线索。

大兴安岭嘎仙洞石刻祝文，鲜卑拓跋部即发源于此

崔浩之死

太武帝拓跋焘时期的崔浩"国史之狱"，是北魏前期胡汉斗争的一次激烈交锋。崔浩出身汉族一流高门河北清河崔氏，历仕道武、明元、太武三朝，为北魏政权的稳固与发展做出了杰出贡献。但崔浩毕竟是汉人，而且堪称北方汉人世家大族的精神领袖，他的一举一动都牵动着鲜卑贵族乃至拓跋皇帝的敏感神经。先是崔浩颇欲"齐整人伦，分明姓族"，也就是试图在北魏重建门阀制度，实现一种高官与博学二者合一的贵族政治，将有政治势力却无学术背景的鲜卑贵族排

斥在外，这当然引起了鲜卑贵族的强烈不满。再是，公元450年，崔浩完成了由他主持编修的北魏《国史》，并且高调地把这《国史》刻石，置于交通要道旁。然而，由于《国史》中如实记录了拓跋鲜卑早期的野蛮落后风俗，路人议论纷纷，这让欲置崔浩于死地的鲜卑贵族找到了借口，崔浩被栽赃成蓄意"暴扬国恶"的罪魁祸首，惨遭处决，并被夷族。不仅如此，崔浩的联姻家族范阳卢氏、太原郭氏、河东柳氏也被"尽夷其族"，其屠戮之惨、株连之广，令人不寒而栗。鲜卑贵族对汉族世家的刻骨仇恨，由此可见一斑。

崔浩等一批世家大族为胡汉矛盾付出了生命的代价，但从鲜卑旧制到汉家新制的转型问题仍未解决。时间推进到了年少即位的献文帝拓跋弘时期，北魏的制度改革终于有了重大突破，改革的推动者是女强人冯太后。冯太后出身于十六国中少有的汉族政权北燕国的皇族，为文成帝拓跋濬的皇后。她在临朝听政的20多年中，效仿汉晋旧制，力行改革。如在经济方面，颁行均田令，实施新的租调制；在地方基层组织方面，建立三长制；在整顿吏治方面，制定俸禄制。在文化方面，冯太后重视儒家教育，最早在地方上设立乡学；尊崇孔子，下诏祭祀孔庙；废止鲜卑族的原始巫术，禁止鲜卑同姓通婚的旧俗。经过冯太后的这些改革，北魏开始告别前期的粗放式统治方式，朝着传统的华夏式王朝快速迈进。

迁都洛阳

公元490年，冯太后去世，她的孙子、24岁的孝文帝拓跋宏正式亲政。孝文帝由冯太后亲自抚养成人，深受其祖母影响。他继承了冯太后未竟的改革事业，除了继续推进均田制、三长制，以及整顿吏治、革新律令、重用汉族士人外，精通儒家经典的孝文帝孜孜以求的是文化上的汉化，是要将北魏彻底改造成一个华夏正统王朝。亲政不久，孝文帝便借助汉族传统的"五德终始说"，宣称北魏是西晋王朝的正统继承者，并模仿汉族王朝的礼仪与宫室制度，在首都平城营建明堂，改建太庙与太极殿，追尊孔子为"文圣尼父"。

孝文帝改革最为关键的一步，是将首都由平城迁往洛阳。平城，即今天的山西大同，这里位于游牧地带与农耕地带的交接处，控制着蒙古高原南下中原的要道。对初入中原的北魏来说，平城进可攻、退可守，自是定都地点的最佳选择。然而，当北魏由北族征服王朝向中原正统王朝转型之时，平城就显得相当偏僻了。至于洛阳，作为汉晋故都，位于中原内地，号称"天下之中"，这里才是华夏正统的象征。在"王者居中"的传统观念下，唯有迁都洛阳，非汉民族建立的北魏才有资格与江南的汉族王朝争夺天下正统。

然而，迁都谈何容易！为了顺利实现迁都的宏伟目标，孝文帝颇费了一番心思。太和十七年（公元493年）八月，孝文帝拜辞冯太后的永固陵，亲率宗室、群臣及步兵、骑兵百余万人南下，宣称要征讨南方的萧齐王朝，一统天下。出发之前，许多宗室与大臣便反对南征，觉得条件尚不成

北魏孝文帝像

熟，没有取胜的把握。大军开拔之时，又恰逢雨季，道路泥泞，行军十分艰难。抵达洛阳时，群臣与大军早已苦不堪言，孝文帝却下令继续进军，而且亲自穿上铠甲、跨上御马，扬鞭南指。群臣纷纷跪倒于马前，磕头哭谏，请停南征。几个回合以后，孝文帝假装余怒未消地晓谕群臣道："此次兴师动众，如果动而无功，岂不让人笑话？若是不想继续南征，那就迁都于此，诸位以为如何？同意的站到左边，不同意的站到右边。"话音刚落，大部分人就站到了左边，小部分人见势，也不得不从，然后群臣齐呼"万岁"。这真是孝文帝导演与主演的一台好戏！因为孝文帝非常清楚，这些鲜卑大臣虽然不愿内迁，但更畏惧冒雨南征，迁都大计遂定。

太和十八年（公元494年）三月，孝文帝返回平城，正式颁诏天下，宣布迁都，并着手安排迁都的各项事宜。十月，孝文帝辞别太庙，奉迁祖宗牌位，十一月回到洛阳。至此，定鼎中原、迁都洛阳的伟业大功告成。

全面汉化

迁都洛阳，可谓北魏历史最重要的转折点。迁洛之后，孝文帝开始了革除鲜卑旧俗、系统推行汉化的全面改革。比如禁着胡服，改穿汉人服装；禁说鲜卑语，朝廷官员凡年龄在30岁以下的，必须改说汉话；改鲜卑复姓为单音汉姓，孝文帝以身作则，改拓跋氏为元氏；改南迁鲜卑人籍贯为洛阳，并且死后不得归葬平城；鼓励鲜卑贵族与汉族高门通婚，孝文帝自己与诸位弟弟都娶汉人世家大族之女为妃；实行门阀制度，以鲜卑八姓穆、陆、贺、刘、楼、于、嵇、尉与汉人五

洛阳龙门石窟，始凿于北魏

姓清河崔、范阳卢、荥阳郑、太原王、赵郡李、陇西李为最高门第；参照汉晋旧制与南朝典章制度，审定新的律令、官制与朝仪。如此等等。至此，不仅鲜卑民族的诗书礼乐、衣食住行已经与汉人没有多少区别，而且洛阳也再次成为北方地区的政治与文化中心。

但是，与历史上的众多改革不同，孝文帝是在北魏国势如日中天、鲜卑族统治十分稳定的时候主动进行汉化改革的，因此，大多数鲜卑人无论如何也不能理解皇帝决绝的改革态度。就在汉化改革紧锣密鼓地开展之际，鲜卑贵族中反对改革、抗拒汉化的逆流也在暗处涌动。鉴于此，孝文帝一直在考虑杀一儆百、整肃朝纲，只是他万万没想到，首先撞到枪口上的竟是自己的亲生骨肉——太子元恂。

此时的太子元恂还只是个少年。因为身体肥胖，他"深忌河洛暑热"，也不愿接受儒家礼教的束缚。他更习惯平城的生活，更喜欢草原的无拘无束，他不愿穿汉服、说汉话，将被赐汉族衣冠尽皆撕毁。太和二十年（公元496年）八月，孝文帝出巡嵩山，元恂留守洛阳。趁此机会，元恂与左右合谋，准备选取宫中御马，出奔平城，并手刃了劝阻他的老师高道悦。事发之后，孝文帝闻知大惊，急忙折返洛阳，对元恂亲加杖责，并将其囚禁别馆，同年十二月废为庶人。太和二十一年（公元497年）四月，又有人告发元恂谋反，孝文帝乃逼元恂自尽，死时年仅15岁。

关于太子元恂之死，以往较多的研究者认为，元恂背后有着反对改革的整个保守集团的支持，他们甚至把元恂视为保守派的代表。其实，元恂追乐旧都、常思北归的直接原因，不过是他肥胖的身体不适应洛阳炎热的气候。但不幸的是，在这次可能是"莫须有"的"谋反事件"中，无知的少年太子元恂最终成了"大义灭亲"的孝文帝汉化改革的牺牲品。这当然算不上喜剧，但是不是悲剧呢？

说过太子之死，再说回赐死太子的孝文帝。正当孝文帝改革初成，几次御驾亲征讨伐南方的萧齐王朝，致力于统一天下的时候，太和二十三年（公元499年）四月，年仅33岁的他病逝于今河南邓州的谷塘原行宫，留下了未竟的改革与统一大业，也留下了后世纷纷纭纭的评说与争议。

后世评说

孝文帝在位近30年，亲政10年，他最重要也最有争议的举措就是迁都和汉化。在中国历史上，像孝文帝这样发起的连固有的语言与姓氏都甘于主动放弃的改革，可谓空前绝后；即便与近代日本、土耳其等国家"脱亚入欧"的改革相比，也有过之而无不及。所以，传统史学界对孝文帝的评价从来就不低。以我的经历为例，大概是在1996年夏天，我向南京大学老校长、"中国思想家评传丛书"主编匡亚明先生汇报《拓跋宏评传》的审稿意见，匡老当时指示说：中国最伟大的思想家是孔子，外国最伟大的思想家是马克思；中国是多民族国家，汉族最伟大的思想家是孔子，少数民族最伟大的思想家是拓跋宏。我轻声问匡老：您的意思是马克思、孔子、拓跋宏是人类历史上最伟大的三位思想家？匡老点了点头。的确，孝文帝的汉化改革是中国历史上非汉民族统治者最主动、最彻底的汉化改革，而且总体来看，孝文帝去世以后，他的改革措施再也没有被逆转。孝文帝的汉化改革，有力地证明了马克思在《不列颠在印度统治的未来结果》一文中所揭示的那条历史规律："野蛮的征服者总是被那些他们所征服的民族的较高文明所征服。"

但是，换个角度与立场来看，问题又显得非常令人迷惑。首先，就鲜卑民族而言，孝文帝无异于在文化传统与族群认同上对鲜卑族进行了自我消灭，当年那个鲜衣怒马的鲜卑族消失了，虽然它以别样的方式融入了汉族的海洋，获得了永生。其次，英年早逝的孝文帝没有完成他的改革大业，他的子孙也未能有力地推进他未竟的改革，于是遗留下来的最大问题就是迁至洛阳的鲜卑贵族高度汉化了，而留守北方边镇的军事集团仍然保持着鲜卑旧俗。进而言之，汉化的洛阳文官集团地位越来越高，感觉越来越好，而秉承骑射传统的边镇军人却在汉化的门阀制度实施之后丧失了优越的地位与升迁的渠道，乃至沦为统治集团中的底层。这样，北魏统治集团就被撕裂成两半，而且相互之间的矛盾愈演愈烈，最终边镇军人成了埋葬北魏政权的掘墓人。换言之，就北魏本身的国祚而言，汉化改革无疑成了一道催命符。就在孝文帝驾崩24年后，六镇之乱爆发，北魏帝国轰然倒塌。

这样的北魏孝文帝拓跋宏也就是元宏，究竟是盖世英雄，还是千古罪人？实在难以评说。如此，就让我们跳出这样的纠葛，将视线投向孝文帝决然离开的那些北方边镇，结识一批出自那里的乱世英雄吧！

开启隋唐的英雄们

文：胡阿祥

盛产英雄的武川镇

何谓"开启隋唐的英雄们"？举三位人物为例。

第一位，"打虎将"杨忠。杨忠，公元507年出生，公元568年去世。他出自北魏武川镇职业军人家庭，练就一身好武艺，而且形象极佳。《周书·杨忠传》说他"美髭髯，身长七尺八寸，状貌瑰伟，武艺绝伦，识量沉深，有将帅之略"。如果杨忠是一位红脸汉子的话，那活脱就是民间关公的形象了。杨忠怎么个"武艺绝伦"？话说杨忠有一回陪着西魏权臣宇文泰围猎，不料一只猛虎突然蹿出，直扑宇文泰。千钧一发之际，美髯公杨忠伸出左手，拦腰夹住了腾在半空中的猛虎。猛虎张开血盆大口正要撕咬，好个杨忠又伸出右手，紧紧扯出了猛虎的舌头，叫它动不得，也咬不得。惊魂未定的众人这才一齐上前，缚住了猛虎。自此，杨忠便得了个"杨揜于"的称号。"揜于"在当时北方统治民族的鲜卑语中正是"猛兽"的意思。杨忠又怎么个"有将帅之略"？这"打虎将"杨忠凭借着显赫的军功，先为西魏十二大将军之一，再为取代西魏的北周六位柱国大将军之一，并于公元559年受封为随国公。

第二位，"擒豹将"李虎。李虎，生年不详，公元551年去世。他与杨忠一样，也出自北魏武川镇职业军人家庭。李虎喜欢骑马射箭，同样武功了得。杨忠为宇文泰打虎，李虎为宇文泰擒豹。原来，李虎经常陪同宇文泰在北山下检阅军队，这里豹子出没，经常伤人。后来，这豹子被李虎碰上了，竟被神勇的李虎捉住杀掉，宇文泰由衷地赞叹道："公之名虎，信不虚也。"李虎凭借着军功，做到了西魏的太尉、柱国大将军，并受封为赵郡公，后来改封陇西公。宇文泰的儿子宇文觉创建北周王朝的时候，李虎虽然已经去世，但仍被列为开国第一功臣，后来又被追封为唐国公。

第三位，单骑随主的独孤信。独孤信，公元503年出生，公元557年去世。与杨忠、李虎一样，独孤信也出自北魏武川镇职业军人家庭。他仪表俊美，善于骑马射箭，后来也跟随宇文泰建功立业。公元534年，因为北魏权臣高欢举兵反叛，孝武帝元脩从洛阳西迁关中，独孤信辞别父母，捐弃妻子儿女，单骑追随。孝武帝感叹道："世乱识贞良，岂虚言哉！"当即赐予独孤信御马一匹，晋爵为浮阳郡公。后来，独孤信累功至西魏柱国大将军、北周卫国公。

我为什么要专门讲以上三位名头并不太响的英雄呢？让我们来揭开谜底：杨忠的长子是创建隋朝的隋文帝杨坚；李虎的孙子是创建

唐朝的唐高祖李渊；独孤信的长女是北周明帝宇文毓的皇后，七女是隋文帝杨坚的皇后，四女又是唐高祖李渊的母亲。如此

北魏重镇武川镇

就清楚了：杨忠、李虎、独孤信三位，确实担得起"开启隋唐的英雄们"的称誉。

　　细心的读者也一定注意到了，我在上面的讲述中不嫌重复地提到了武川镇这个地方、职业军人这个阶层、宇文泰这个人物、柱国大将军这个称号。简而言之，武川镇正是诞生这批英雄的地方，职业军人是这批英雄所属的阶层，大英雄宇文泰则是这批英雄的带头大哥，而柱国大将军联系着最后北周灭北齐的军事制度。花开四枝，不妨分别表述。

　　所谓第一枝花，是武川镇。武川镇是北魏六镇之一，位于今内蒙古呼和浩特市武川县西南的大青山北麓。这是一片"天苍苍，野茫茫。风吹草低见牛羊"的地方，集聚着北魏政权防御北方草原游牧民族柔然侵扰的精兵强将。

六镇兵变

所谓第二枝花，是职业军人。这里的职业军人，指的是六镇军人。早在北魏初年，为了防御柔然的入侵，在首都平城以北、阴山以南，沿着东西方向，设置了怀荒、柔玄、武川、抚冥、怀朔、沃野六镇。我在前面讲南朝梁武帝萧衍的时候，曾经提到导致"菩萨皇帝"梁武帝身死国灭的侯景之乱，侯景就是北魏怀朔镇军人。六镇军人具有世袭职业为军人、社会阶级为贵族、种族文化为鲜卑三种特征。所谓种族文化为鲜卑，就如上面提到的杨忠、李虎，虽然号称汉人，但其实已经鲜卑化了。至于独孤信，独孤本就是鲜卑族的大姓。本来六镇军人的地位很高，颇为世人所羡慕，比如镇将不是拓跋宗主，便是鲜卑王公，即便是镇兵，也大多是拓跋氏族成员，或者中原强宗子弟。但在孝文帝迁都洛阳以后，由于国家重心从北边转到了中原，皇帝的兴趣从防御北方游牧民族转到了征伐南方汉族王朝，文化的取向从鞍马骑射转到了崇文鄙武，因此六镇军人的生存状况也发生了明显的变化，职业军人、种族文化两者依旧，社会阶级则被严重降低，乃至成为低下阶级府户，不仅丧失了出仕当官的优势、免除赋役的待遇，而且被朝廷主流排斥在外，被门阀化的鲜卑贵族与汉人高门贱视。他们的压抑与愤怒可想而知，只待星星之火出现，就会燃爆。

公元523年，星星之火终于出现了，并且迅速燎原。先是柔然可汗阿那瑰南侵。大敌当前，怀荒镇兵民请求镇将于景开仓放粮，遭到拒绝，兵民遂执杀于景起义。很快，沃野镇兵破六韩拔陵也率众起义，并得到诸镇华夷兵民的纷纷响应。颇具讽刺意味的是，急昏头的北魏朝廷竟然请来六镇的抵御对象柔然，帮着剿灭起义军。公元525年，破六韩拔陵失败，投降者20多万人被安置到河北地区就食。这就是教科书上常说的"六镇起义",其实更确切的说法应该是"六镇兵变"。可是,频遭灾害的河北根本无食,于是柔玄镇兵杜洛周、怀朔镇兵鲜于修礼又先后在河北地区起兵,这两支军队后来皆为怀朔镇将葛荣所有。永安元年(公元528年)九月葛荣失败后,这支力量转到了镇压葛荣的尔朱荣手里。尔朱荣是北秀容(今山西忻州西北)地方的契胡族部落酋长,因参与镇压六镇兵变,累迁至六州讨虏大都督。武泰元年(公元528年)二月,彼此争权的北魏胡太后毒死自己的亲生儿子孝明帝元诩,另立3岁小儿元钊为帝。尔朱荣以此为借口,三月率军南下,四月拥立长乐王元子攸为帝,即孝庄帝,继而攻陷洛阳,先将胡太后与元钊投入黄河,又将宗室诸王与公卿百官2000余人屠杀殆尽,史称"河阴之变"。尔朱荣由此掌握了北魏实权,并于随后剿灭了葛荣。

太原王尔朱荣

尔朱荣像,出自《北史演义》

高欢与宇文泰

所谓第三枝花,是宇文泰。正如六镇兵变与宫廷内乱为尔朱荣的崛起提供了舞台,尔朱荣也为东魏、西魏王朝的实际建立者高欢和宇文泰作了嫁衣。

先说宇文泰的死敌高欢。高欢自称渤海郡蓨县(今河北景县西)

人，实为鲜卑化的汉人，公元496年出生，公元547年去世，出自怀朔镇职业军人家庭。公元530年，孝庄帝元子攸诱杀了专权的尔朱荣，尔朱荣的侄子尔朱兆等起兵复仇，攻陷洛阳，杀元子攸，改立元恭，即节闵帝。几经周折，尔朱荣的大部分军力转到了其亲信高欢手里。高欢在河北地区注意协调胡汉关系，拉拢汉族高门，治军严明，击败了尔朱氏各方势力。公元532年，高欢进入洛阳，废杀节闵帝元恭与后废帝元朗，另立元修为帝，是为孝武帝。高欢则移镇晋阳，把控朝政。公元534年，孝武帝元修集结军队，意在讨伐高欢，高欢也率大军南下，直指洛阳。于是，元修西奔长安，投靠宇文泰。高欢另立元善见为帝，并迁都邺城，即今河北临漳县西南，史称"东魏"。与东魏对应，逃到长安的孝武帝元修于永熙三年（公元534年）十二月被宇文泰毒杀，宇文泰另立元宝炬为帝，史称"西魏"。至此，北魏分裂成势同水火的东魏和西魏，虽然皇帝都还姓元，但实际的统治者则是东魏的高欢与西魏的宇文泰。

再说宇文泰。宇文泰，鲜卑族属，公元507年出生，公元556年去世，出自武川镇职业军人家庭。他先是参加过鲜于修礼、葛荣的军队，后被收编在尔朱荣的部将贺拔岳麾下。宇文泰足智多谋，在西部关陇地区屡建功勋，逐渐成为北魏王朝仅次于高欢的实力派人物。及至孝武帝元修来投，宇文泰遂得以掌控军国大政，西魏元氏皇帝不过傀儡而已。

通过上面的讲述，我们也可以看

宇文泰像，出自《北史演义》

出，从六镇兵变以及随后众多的起义与叛乱中获利更多的还是高欢。高欢得到的军力更多，宇文泰得到的军力则以武川镇兵户为主；高欢治下的东魏的土地、人口与物力，也远胜于宇文泰治下的西魏。但是，历史的演变过程是：公元550年，高欢次子高洋取代东魏，开创北齐王朝；公元557年，宇文泰三子宇文觉取代西魏，开创北周王朝；公元577年，北周灭亡北齐，统一北方。那么，为何北周能够以弱胜强呢？

一般认为，依靠六镇军力建立起来的东魏、北齐政权，具有很深的民族成见，走的是倒退的鲜卑化的道路；而以武川镇军力为主建立的西魏、北周政权，则找到了一条淡化民族界限、协调地域矛盾、维系胡汉人心的进步的道路。这就是陈寅恪先生所归纳的"关陇本位政策"，正是在这种政策的指导下，东强西弱、东富西穷的局面得以慢慢扭转，并最终由西部的北周统一了东部的北齐。

府兵制度

所谓第四枝花，是柱国大将军。柱国大将军联系着西魏权臣宇文泰创建的府兵制度。在府兵制度的统辖系统中，有8位柱国大将军，其中宇文泰为西魏军队的实际统帅，西魏宗室广陵王元欣仅挂虚名，真正统帅六军的是6位柱国大将军；每位柱国大将军各督2位大将军，共12位大将军；每位大将军各统2位开府，共24位开府；每位开府各有2位仪同，共48位仪同，每位仪同约领兵1000人。如此，6位柱国大将军大约领兵48,000人。这样的府兵系统，既借用了鲜卑族原有的部落组织即八部之制，也符合华夏传统的《周礼》六军之制。在兵员的构成上，武川镇军力以及随孝武帝元脩入关的北魏宿卫禁旅，自是府兵的

北魏武士俑

核心。汉族强宗子弟、关陇地主武装，也是发展的对象。到了后来，征兵对象扩大到所有的均田户，这样汉族士兵的比重进一步增加。再从官兵关系看，宇文泰以有功将领继承鲜卑三十六国及九十九姓，如杨忠被赐姓普六茹氏，李虎被赐姓大野氏，凡被统领的士兵，都以他们主将的鲜卑姓氏为自己的姓氏，这样就使官兵之间形成了一种仿佛血缘宗族的亲密关系。再从待遇上看，府兵将校"不但不废仕宦"，而且仕途坦荡，而当征兵对象扩大到均田户时，改民籍为兵籍，军士称为"侍官"。凡此种种，使得府兵的身份提高了，待遇改善了，人数增加了。及至北周灭北齐时，府兵已发展到近20万人，隋朝灭陈时，更是发展到近50万人。

以上我们讲了比方得可能有些不伦不类的武川镇、职业军人、宇文泰、柱国大将军四枝花，回到这一节的题目"开启隋唐的英雄们"，我们知道了北魏王朝的终结者、东魏与西魏的实际统治者、北齐与北周的皇帝们，乃至隋、唐两朝皇帝家族的祖先，以及这些政权的开国元勋，竟然都与北魏孝文帝元宏决然离开的那些北方边镇有关。然而，正是从北方边镇那片寒凉的土地上，走出了无数叱咤风云的英雄、搅动乱世的豪杰，开创了属于他们及其继承者的新时代，拉开了令人难以评说的隋朝与令人自豪的大唐盛世的序幕……历史就是这样有趣，有时也是这样令人难以捉摸。

《世说新语》:"名士底教科书"

文：胡阿祥

12部正史

　　围绕着魏晋南北朝的史实，诸如时代特征、朝代更替、历史事件、代表人物、关键线索、地域矛盾、民族关系，以及常识谬误、经验教训等，我们已经讲了12节。我想，讲完史实，还有必要提提史籍，也就是历史文献。我们今天能够追问过去，主要有赖于中国举世无双、浩如烟海的历史文献。就以魏晋南北朝来说，在所谓的"二十四史"中，有12部正史是讲魏晋南北朝的，即《三国志》《晋书》《宋书》《南齐书》《梁书》《陈书》《魏书》《北齐书》《周书》《隋书》《南史》《北史》，按照今天通行的中华书局点校本计算，一共是66本，如果5天读一本，大概需要一年时间。其实这是非常划得来的，想象一下，通读了12部正史，那感觉是不是特别良好，甚至有可能信心爆棚？

当然，除了12部正史，关涉魏晋南北朝具体历史门类的典型文献还有不少，比如文学方面的《文选》《玉台新咏》《诗品》《文心雕龙》、宗教方面的《抱朴子》《高僧传》《洛阳伽蓝记》、地理方面的《水经注》《华阳国志》、人物方面的《世说新语》、家族方面的《颜氏家训》、民俗方面的《荆楚岁时记》等等。下面我就选三部重要而且有趣的史籍来讲，权当举例吧。

"风流宝鉴"

先讲中国文人都应该熟读的《世说新语》。《世说新语》是南朝宋开国皇帝刘裕的侄子、临川王、江州刺史刘义庆率领一班幕府文士编成的，原名《世说》，因为汉代的刘向曾著《世说》，后人为了区别，改称今名。所谓"世说"，就是世间各种道理的解说，通过讲故事来说道理称为"说"，这样的"说"通常又包括言与行两方面。《世说新语》分为36门，1100多条，大约8万字，所记主要是东汉晚期、三国、两晋时期贵族名士、雅道风流的特言独行和逸闻趣事。古往今来，《世说新语》获得的评价极高。明朝的王世贞推崇说："正史之外……有以一言一事为记者，如刘知几所称琐言，当以刘义庆《世说新语》第一。"冯友兰先生认为，《世说新语》堪称"中国的风流宝鉴"。鲁迅先生称赞，《世说新语》"记言则玄远冷隽，记行则高简瑰奇"。我的好友、研究《世说新语》的代表学者范子烨自

《世说新语》唐写本残卷

陈:"月白风清之际,清露晨流之时,每当我展卷在手,邈然长想,未尝不嗟叹其文章之美与义旨之深。"2015年,我约请葛剑雄先生为"南京传世名著"中的《世说新语》写推荐词,葛先生写道:"论文辞优美,简朴隽永,此书可谓篇篇珠玑,是文学中之极品……妙语玄谈,虚实僧俗,寓意深刻,境界无穷。"从某种意义上说,《世说新语》可谓魏晋士大夫生活方式与思想风貌的百科全书。

这样一部魏晋士大夫的百科全书,自然有无尽的话题可以说,篇幅有限,我单说中国文人都应该熟读这个主题吧。我这个说法来自鲁迅先生的评价:"《世说》这部书,差不多就可以看做一部名士底教科书。"虽然中国的文人有正有邪,有雅有俗,有清流、有迂腐、有酸臭,但主动或被动之中,还是习惯自视为名士或愿意被视为名士的。

《世说》里有位大名士王子猷,也就是王羲之的第五子王徽之,字子猷,出生于公元338年,逝世于公元386年。我们来看看这位东晋大名士的言行做派。

比如做官,《世说》记载:"王子猷作桓车骑骑兵参军。桓问曰:'卿何署?'答曰:'不知何署,时见牵马来,似是马曹。'桓又问：'官有几马？'答曰：'不问马，何由知其数？'又问：'马比死多少？'答曰：'未知生，焉知死？'"做官而不管事，竟至于此！

比如任性，《世说》记载："王子猷居山阴，夜大雪，眠觉，开室命酌酒，四望皎然。因起仿偟，咏左思《招隐诗》，忽忆戴安道。时戴在剡，即便夜乘小船就之。经宿方至，造门不前而返。人问其故，王曰：'吾本乘兴而行，兴尽而返，何必见戴？'"想见朋友了，就赶一宿水路，不想见朋友了，就造门而返，率性以至任性如此！

比如喜好，《世说》记载："王子猷尝暂寄人空宅住，便令种竹。或问：'暂住何烦尔？'王啸咏良久，直指竹曰：'何可一日无此君！'"原来

元张渥《雪夜访戴图》

北宋大文豪苏轼的"可使食无肉，不可居无竹。无肉令人瘦，无竹令人俗。人瘦尚可肥，士俗不可医"，诗意出自王徽之的这类雅事。

三类名士

当然，《世说新语》之所以被推为"名士底教科书"，原因还在于书中记载的众多名士，其言行做派各具风格。按照传统的说法，魏

晋名士可分为三类。

第一类名士是正始名士,以活跃于曹魏正始年间(公元240—249年)的何晏、王弼、夏侯玄等为代表,他们最显著的特征是服散,用现在的话说就是"嗑药"。《世说》记载何晏之语:"服五石散,非唯治病,亦觉神明开朗。"这五石散又名"寒食散",是由白石英、紫石英、石钟乳、赤石脂、石硫黄五种矿物质调配而成的,据说服用初期能够帮助消化,改进血象,提升精神,刺激性能力。如此一来,食欲与性欲增强了,脸色红润了,精神焕发了,眼睛也炯炯有神了。另外,服散以后,周身发热,必须快速走路以散热,这叫"行散"。原来今天所谓的"散步",追溯起来,竟然还是名士的派头之一。总之,服五石散,既能长寿,还能减肥,使得身材健美挺拔,双目清澈明亮,这又符合当时的审美标准,真是何乐而不为!

然而,事实并非如此,相当昂贵的五石散归根结底是一种毒药,比如其中的石硫黄含砷,久服或过量服用就会引起砷中毒,导致死亡。可悲的是,按照当时道家与医家的理论和实践,这些矿物质都被列为上品之药,所以服散致死者,可以理解为服法不当,而公认最会服散的何晏又是被杀的。于是,这场服散运动伴随着魏晋南北朝的历史,持续了300多年,多少名士因此残废甚至丧生。同样可悲的是,服散以后的种种有异常人的举动,又被视为名士风度,为世人与后人所仰慕。比如服散以后,周身发热,导致皮肤敏感,容易磨破,所以不能穿新衣服或洗后浆过的衣服,而服散以后快速散步,又会出汗,两相叠加,于是尽管熏香仍充满汗味的宽大的旧衣服里便会长出虱子,这样就有了"扪虱而谈"即一边捺着虱子、一边挥麈清谈的名士奇观。其实这样是不舒服的,也因为这样的不舒服,这派名士的脾气往往很坏,哪怕被苍蝇搅扰,有时也会发狂,火暴地拔剑追赶。

第二类名士是竹林名士，即以"竹林七贤"——嵇康、阮籍、山涛、向秀、刘伶、阮咸、王戎为代表的一派名士。曹魏正始、嘉平年间，他们经常相聚于竹林下，相聚后的主要事情就是清谈喝酒。除了嵇康以外，其他六位也都非常能喝酒。其实，能喝酒与是不是名士没有必然关系。那么，竹林名士是如何喝酒的呢？

仅以刘伶为例，《世说》记载："刘伶恒纵酒放达，或脱衣裸形在屋中。人见讥之，伶曰：'我以天地为栋宇，屋室为裈衣，诸君何为入我裈中！'"刘伶反击讥笑他的人说："天地是我的房屋，屋室是我的裤子，你们诸位干吗钻到我的裤子里来啊？"《世说》又记载："刘伶病酒，渴甚，从妇求酒。妇捐酒毁器，涕泣谏曰：'君饮太过，非摄生之道，必宜断之！'伶曰：'甚善。我不能自禁，唯当祝鬼神自誓断之耳。便可具酒肉。'妇曰：'敬闻命。'供酒肉于神前，请伶祝誓。伶跪而祝曰：'天生刘伶，以酒为名，一饮一斛，五斗解酲。妇人之言，慎不可听！'便引酒进肉，隗然已醉矣。"这是说，夫人劝刘伶戒酒，刘伶要夫人准备酒肉，他要敬祝鬼神，发誓戒酒，但他发的誓言是"天生刘伶，以酒为名""妇人之言，慎不可听"，说完便又喝酒吃肉，酩酊大醉。如此喝酒，才当得上名士吧。而在竹林七贤之后，喝酒才成为中国传统文人的典型标志。

第三类名士是中朝名士，"中朝"本来是指西晋，其实中朝名士可以包括两晋南朝的大多数名士。《世说》记载东晋名士王恭"不打自招"的名言："名士不必须奇才，但使常得无事，痛饮酒，熟读《离骚》，便可称名士。"也就是说，这些名士的外在表现是无所事事或者不务正业，酣畅饮酒，又"为赋新词强说愁"或"吾将上下而求索"地清谈着人生的困惑、生死与说不清、道不明的玄妙追求。

竹林七贤

透过现象看本质

读懂《世说新语》记载的这三类名士的关键，在于透过上述现象理解名士的本质。从本质上说，正始名士处身宗室曹爽与重臣司马懿的争斗旋涡中，纠结于到底选择哪个主子，上哪条船。一旦选错主子、上错船，就有可能身首异处乃至被夷灭三族，所以他们感慨人生无常，悲叹性命短促。反过来，这又促使他们执着于服散，以追求生命的长度。至于竹林名士肆意畅饮，看似是为了追求生命的密度，是为了享乐，其实他们喝的大多是闷酒、苦酒，是含泪带血的酒。当其时也，司马师、司马昭阴谋篡窃之势已成，并且残酷地剪除异己，于是竹林名士借酒浇愁、借酒远祸、借酒装糊涂，毕竟喝酒有助于进入物我两忘的自然境界，酒后说错话、做错事可以有回旋的余地，久醉不醒也是逃避政治斗争、远离人事纠纷的有效手段。比如阮籍曾经沉醉60天不醒，借以拒绝司马昭为儿子司马炎的求婚。刘伶常常乘着鹿车，边走边喝，并对拿着铁锹的随从说："若是我喝死了，你就掘地埋我。"这样喝酒，是不是体现出一种巨大的、深刻的乃至绝望的悲哀？而相对正始名士与竹林名士，大部分中朝名士位居显要，锦衣玉食，他们服散纵酒，既没有痛苦的思索，也缺乏光明的追求，他们少了正始与竹林的精神，有的只是空虚的、病态的乃至变态的行为。

我们只有这样透过现象看本质，知世论人，知人论书，才能读懂、读活《世说新语》这部文人雅士张扬个性的宝典。真正的名士，还有《世说新语》里没有记载的陶渊明。晋宋之间的陶渊明，采菊东篱下，悠然见南山，不为五斗米折腰，自命为"五柳先生"。他好读书，不求甚解，著《归去来兮辞》，写《桃花源记》，他的诗中篇篇有酒。这样的陶渊明，堪称六朝名士中一抹灿烂的晚霞。

《颜氏家训》：古今家训之祖

文：胡阿祥

无论何类名士，都是隶属于家族的。魏晋南北朝是一个世家大族起决定性历史作用的时代，这个时代的文化面貌虽然极为多元，但比较而言，儒家的政治观念、道德说教、人生理想依然是多数世家大族内部秉承的核心准则。也许，在社会交往上流行时髦的玄学、风雅的清谈，但维系家族传承的根本仍是基于华夏传统农耕文化土壤的儒家思想。有着"古今家训，以此为祖"（南宋陈振孙《直斋书录解题》）美誉的《颜氏家训》，就既是研究这个时代的一部重要文献，也是这个时代家族文化方面不可多得的一部名著。记得2016年元旦刚过，中央纪委国家监委网站推出"中国传统中的家规"专题节目，首集就是我参与制作的《颜氏家训》，题为《颜之推：家训之祖，金声玉振》。《颜氏家训》在当今社会所具有的借鉴价值，由此可见一斑。下面我就讲讲《颜氏家训》这部中华家训文化里程碑般的名著。

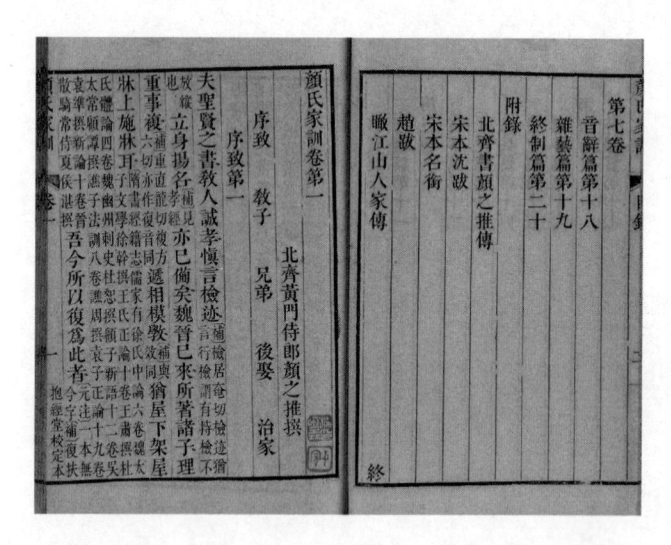

《颜氏家训》书影

不一般的颜氏家族

首先，《颜氏家训》之所以成为名著，关系着作者颜之推的经历以及颜氏家族的传统，这使得《颜氏家训》有说头。

颜之推前有所承。颜之推所属的琅邪临沂颜氏家族，以颜回为一世祖。众所周知，在孔子的72位弟子中，颜回似乎最无表现，孔子却赞赏他："贤哉，回也！一箪食，一瓢饮，在陋巷，人不堪其忧，回也不改其乐。贤哉，回也！"颜回能够获得如此高的评价，乃至位居孔门72位弟子之首，正反映了中国传统文化的精义所在，即论颜回的事业，断断不够如此评价，但在其无所表现的背后，有种精神在，有种人格在。这种纯粹的精神与人格，令人向往，对于颜氏家族，当然更是具有如风如雨的影响，风靡后世，雨润族人。颜之推的九世祖是颜含，颜含也是颜氏族人由北迁南的关键人物。颜含以孝悌著称，对父母孝，对兄嫂悌，兄嫂身体不好，颜含数年如一日地照料。西晋末年，颜含出仕为司马睿参军，公元307年随司马睿南下，历任高官，享年90余岁。颜含以"清、正、节"教育子孙，而这三个字，可谓微缩版的《颜氏家训》。

颜之推后有所继。颜之推的子孙为官治学，很有清正守节的家风。如长子颜思鲁、次子颜愍楚，都是精于音韵、训诂的学者；三子颜游秦既为良吏，又精于史学。颜思鲁的长子颜师古是经学家、史学家、训诂学家；次子颜相时学问深厚，有谏诤之风；三子颜勤礼工书法，精训诂。颜之推一支传五世，有颜杲卿、颜真卿，两位在叛乱中坚贞不屈，先后遇害，后世为颜杲卿立有恒山公祠，为颜真卿立有颜鲁公祠，或者合立为"颜氏双忠祠"，以表彰他们的忠贞义烈。颜氏后裔不同凡响的才学、政绩与操守，显示了《颜氏家训》的垂训之力，所以清人王钺说："颜之推《家训》二十篇，篇篇药石，言言龟鉴，凡为人子弟者，可家置一册，奉为明训，不独颜氏。"

具体到前有所承、后有所继的颜之推本人，他的复杂经历又可谓读懂《颜氏家训》的一把钥匙。公元531年，颜之

颜氏家庙碑，颜之推后人颜真卿撰文并刻立

推生于江陵，他9岁丧父，在兄长的抚养下长大。颜之推继承了家学，对《周礼》《左传》颇感兴趣，而不好老庄玄谈。他博览群书，为文辞情并茂。颜之推出仕很早，不到20岁就开始为官，且为官很久，历仕40多年。然而，造化弄人，颜之推生活的时代胡汉并立，朝代更迭，不仅南北分裂，而且北方东西对峙，真是天下纷纷，世间扰扰。那些有才能的人，多如一叶浮萍，随波逐流，难以自主，而颜之推就是其中的典型。他一生中先后成为侯景叛军、西魏军队、北周军队的俘虏，主动或被动地出仕梁、西魏、北齐、北周、隋五朝，经历了梁朝、北齐、北周的亡国，行踪遍及江汉、江南、关中、河北。这样的囚俘之耻、出仕之乱、亡国之思、播迁之苦，集中于一位名教立家、礼法传世、阅历广泛的士大夫身上，可以想象颜之推经历的忠孝矛盾、胡汉选择，以及内心的愧疚和对生命的感悟。而以此为基础，颜之推撰写的《颜氏家训》便凝聚着难以复制的人生经验、政治智慧与历史教训了。

内容系统全面，思想复杂纠结

其次，《颜氏家训》之所以成为名著，关系着内容的系统全面与思想的复杂纠结，这使得《颜氏家训》有看头。

家训一类的文字其实起源甚早，然而把碎片式的家训写成具有体系的、洋洋洒洒的专书，则以《颜氏家训》为始祖。《颜氏家训》从开始写作到定稿，经过了十几年的时间，最后完成于隋朝统一以后的开皇年间。

《颜氏家训》凡7卷，共计20篇。看看这20篇的篇名并稍加概括，就可以感知其内容的系统全面。第一卷5篇，《序致》篇交代写作宗旨，《教子》《兄弟》2篇谈子女教育、兄弟关系，《后娶》《治家》2篇谈续弦的弊端、治家的注意事项。第二卷2篇，《风操》篇谈士大夫应该遵循的礼仪规范，《慕贤》篇谈人才关系国家的兴衰存亡。第三卷只有《勉学》1篇，论述学习的目的、方法以及重要性。第四卷包括《文章》《名实》《涉务》3篇，讨论文章写作、名实关系、社会能力。第五卷包括《省事》《止足》《诫兵》《养生》《归心》5篇，谈的是为人处世的修养。第六卷也只有《书证》1篇，录有颜之推有关经史典籍与字书、韵书的47条考证，意在探讨治学方法。第七卷3篇，《音辞》篇谈声韵之学，《杂艺》篇谈各种技艺，《终制》篇谈丧葬礼制。简而言之，累计3万多字的《颜氏家训》，其内容包括了社会层面的立德、立功、立言，家族层面的婚姻、官宦、学术，生活方面的衣食住行、诗书礼乐、治家教子、修身养性，学术方面的语言、文字、文学、艺术、经学、史学、佛教、道教、玄学、清谈。它既是颜之推奉献给子孙族人的一部家训，也是具有典型示范意义的一部家族教科书。

值得指出的是，作为家族教科书的《颜氏家训》，相较当时以及此前、此后的诸多家训，又有其特别的魅力，正是这些魅力使得《颜氏家训》更加好看、耐看，更加给人以警示、启示。

比如行文风格，《颜氏家训》多不流于泛泛而谈，更像一位沧桑老者以其亲身经历与深切感悟在与子孙族人聊天，聊他洞察世事、通观万物的见解与智慧。这样的聊天，没有严厉的告诫，也没有空洞的说教，有的是感觉与感情，有的是比较与举例，有的是鲜活生动的褒贬。

举一段常被学者引用的文字为例，《涉务》篇中贬斥梁世士大夫道："梁世士大夫，皆尚褒衣博带，大冠高履，出则车舆，入则扶侍，郊郭之内，无乘马者……及侯景之乱，肤脆骨柔，不堪行步，体羸气弱，不耐寒暑，坐死仓猝者，往往而然。建康令王复性既儒雅，未尝乘骑，见马嘶歕陆梁，莫不震慑，乃谓人曰：'正是虎，何故名为马乎？'其风俗至此。"

在《勉学》篇中又说"梁朝全盛之时，贵游子弟，多无学术"，他们"熏衣剃面，傅粉施朱，驾长檐车，跟高齿屐……从容出入，望若神仙"，而等到社会动乱、改朝换代之际，这些不学无术的贵游子弟便颠沛流离、死于沟壑了，"以此观之，安可不自勉耶？若能常保数百卷书，千载终不为小人也"。类似这样喋喋不休的"老生常谈"，正如网络流行语"重要的事情说三遍"，实在体现了一位沧桑老者对子孙晚辈的舐犊之情，《颜氏家训》也因此不仅好看，而且耐看。

再如矛盾冲突，《颜氏家训》中讲到忠与孝、家与国、处世与伦理的关系时，常常陷入失衡的矛盾乃至冲突中。举个典型的例子，《文章》篇里说道："不屈二姓，夷、齐之节也；何事非君，伊、箕之义也。自春秋已来，家有奔亡，国有吞灭，君臣固无常分矣；然而君子之交绝无恶声……"这是说，不屈身于另外的王朝，这是伯夷、叔齐的气节；对任何君主都可侍奉，这是伊尹、箕子的道义。自从春秋以来，家族奔窜流亡，邦国此兴彼灭，国君与臣子本无固定的名分，然而君子之间尽管绝交，也不会相互辱骂。无疑，这是为他自己"朝秦暮楚"、历仕胡汉五朝所做的辩解。

类似的地方还有许多，他既说"生不可惜""见危授命"，又说"人身难得""不可坠失"；既想着个人的"立身扬名"，又想着"泯躯而济国"……这样的矛盾与冲突，既是颜之推个人的悲剧，就像《序致》篇中他的由衷自白"每常心共口敌,性与情竞,夜觉晓非,今悔昨失,自怜无教,以至于斯……故留此二十篇,以为汝曹后车耳",也是魏晋南北朝那个时代的悲剧,诚如为《颜氏家训》作集解的王利器先生之言:"在这南北朝分裂割据的年代里,长江既限南北,鸿沟又判东西,战争频繁,兵连祸结,民生涂炭,水深火热。"而就我读书的感受而言,这样的《颜氏家训》,其中的矛盾与徘徊、冲突与是非,恰恰给人以警示,给人以启示。

现实意义与当代价值

再次,《颜氏家训》之所以成为名著,还关系着它丰富甚至直接的现实意义与当代价值,这又使得《颜氏家训》有想头。

我们不妨先以文风为例,如《勉学》篇记载:"邺下谚云:'博士买驴,书券三纸,未有驴字。'使汝以此为师,令人气塞。"这段话的意思是,邺下有句谚语说:"博士去买驴,契约写了三张纸,还没有写到一个'驴'字。"如果以这种人为师,真会被他气死。联系现实,在有些党政机关的公文写作中,这样的毛病依然存在,或者东拉西扯、废话连篇,或者文辞烦冗、不得要领,或者照抄照转、空头文件。文风关乎党风政风,所以我们需要整顿文风,提倡写短文,办实事。

再以大家可能更为关心的教育为例,在品格教育、道德教育、人格教育、规范教育、知识教育等方面,虽然《颜氏家训》中的有些观点显得迂腐,但总体而言,颇多的观点值得今天的家长借鉴继承、发扬光大、身体力行。比如强调"人生小幼,精神专利,长成已后,思虑散逸，固须早教，勿失机也"，这是重视早教；反对"闭门读书，师心自是""但能言之，不能行之"，这是勉励知行合一、学以致用；讥讽"今不修身而求令名于世者，犹貌甚恶而责妍影于镜也"，这是告诫为人应当表里如一、名副其实；指出"积财千万，不如薄伎在身"，这是鼓励子女要靠勤学苦练自立于世，不能依靠祖上的荫庇养尊处优。

诸如此类，不再举例了。我甚至认为，这3万多字的《颜氏家训》与20多万字的《傅雷家书》，如果比照着来读，那么中国传统知识分子的格物致知、诚意正心、修身齐家、治国平天下的理念与实践，真是一脉相承，并不随着时代而改变。这就是中国的传统和文化的自信吧。因此，我常说，不读《颜氏家训》，就算不上合格的中国家长……

《荆楚岁时记》：民众节日的写真

文：胡阿祥

社会生活之一斑：节日民俗

前面两节，由刘义庆主编的《世说新语》，以见贵族名士的风貌；由颜之推撰写的《颜氏家训》，以见世家大族的家规。历史是由人书写的，这里的"人"，当然不仅指贵族名士、世家大族，还指更广泛意义上的人，也就是普罗大众、芸芸众生，正如毛泽东主席的指示："人民，只有人民，才是创造世界历史的动力。"我们在这一章的第一节中归纳了魏晋南北朝的时代特征，而为了回应这样的时代特征，我们将在本章的最后一节中讨论魏晋南北朝的社会生活。

魏晋南北朝的社会生活，内容极其丰富，诸如衣食住行、婚丧嫁娶、宗教信仰、岁时节日，真是子丑寅卯，从何说起。我们在前面讲过王导导演的政治好戏、王羲之主持的文化大会，都选择在暮春三月的上巳节上演。如此，我们不妨以农历春季的岁时节日为例，来看看当时的节日民俗，以见魏晋南北朝社会生活之一斑。

魏晋南北朝农历春季的岁时节日很多很杂，我们选择哪些岁时节日讲呢？参考一下现行的国家标准吧。2017年5月12日，国家质检总局、国家标准委发布了《农历的编算和颁行》国家标准。这个国家标准的起草单位是中国科学院紫金山天文台，我也有幸参与了其中的不少工作。在《农历的编算和颁行》国家标准中，属于农历春季的传统节日列入了正月初一的春节、正月十五的元宵节、二月二的龙头节、三月三的上巳节。在魏晋南北朝时期，二月二龙头节还没有形成，所以我们下面就讲讲正月初一、正月十五、三月三这3个节日的民俗。

说起魏晋南北朝的节日民俗，非常幸运的是，有一部可以作为讲课提纲使用的重要典籍，即梁朝宗懔的《荆楚岁时记》。宗懔是南阳涅阳人，久居江陵，曾任梁元帝萧绎的吏部尚书，入北周后，官拜车骑大将军、仪同三司。他以荆楚之人的身份记荆楚岁时民俗，当然可信。遗憾的是，此书后来散佚，今天只能看到很简单的辑本。尽管只是辑本，史料价值仍然很高。《荆楚岁时记》的体例，是以时为序，自元旦至除夕，记录

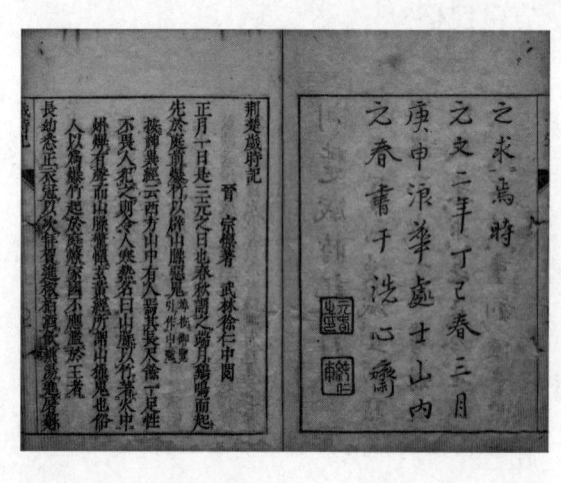

《荆楚岁时记》书影

了以长江中游为中心的南朝时期四季12个月的岁时节日民俗，涉及来历、传说、风俗、活动等方面。下面我们就以《荆楚岁时记》的记载为纲，参考其他文献资料，梳理一下正月初一、正月十五、三月三这3个节日的部分民俗。

三元之日，万象更新

先说正月初一。《荆楚岁时记》（以下简称《岁时记》）说："正月一日是三元之日也。"因为处于一年的开端、四季的开始、一月的开头，所以称为"三元之日"，也称"元日""元旦"，"元"就是开始的意思。这当然是一个万象更新、特别具有象征意义的日子。在这一天，百姓都以家族为单位，举行各种各样的活动，如吃吃喝喝、驱鬼避邪、祈求丰年，真是丰富多彩。

比如驱鬼避邪，《岁时记》记载："鸡鸣而起，先于庭前爆竹，以辟山臊恶鬼。"这说的是早晨起床后做的第一件事情，就是对付"山臊恶鬼"。相传山臊恶鬼居住在西方的一座深山里，长成人形，身高一尺多，只有一只脚，人们只要撞上它，必然会染上忽冷忽热的怪病。但是，此鬼有个最大的弱点，就是怕听噼噼啪啪的声音。所以从汉代开始，人们便在堂前用火烧烤竹节，借助竹节的爆裂声响吓退山臊恶鬼。这噼噼啪啪的声音，既达到了驱鬼的目的，又增添了节日的喜庆氛围。同样属于驱鬼避邪的民俗，还有贴门神，《岁时记》记载："绘二神贴户左右，左神荼，右郁垒，俗谓之门神。"这种民俗也源于汉代。相传上古时代有两位神人兄弟神荼、郁垒，与众鬼一起栖身在度朔山一棵硕大无比的桃树上，负责监视众鬼。如果有鬼为非作歹，他们就用苇索捆绑恶鬼，扔给老虎吃掉。如此，人们就在门户的左右张贴身披铠甲、手持板斧的神荼、郁垒的画像，称为"门神"，这样鬼魅就不敢进门了。唐朝以后，门神又变成了唐太宗李世民的大将秦琼、尉迟敬德的形象。

再如祈求丰年。元旦是一年的开始，又当新春来临、播种在即，所以在此时祈求农业丰收，是最好不过的时机。其中最有趣的民俗是打粪堆，《岁时记》记载："以钱贯系杖脚，回以投粪扫上，云令如愿。"就是在竹杖上系着钱串，在粪堆里藏着人偶，一边打着粪堆，一边呼唤如愿。为什么会有这样的民俗呢？传说有位叫区明的商人，因为礼拜彭泽湖神虔诚，被湖神青洪君请去神府。路上，湖神的使者告诉他，如果青洪君要送你礼物，你只要如愿。到了神府，青洪君果然问区明要什么，区明就说只要如愿。青洪君虽然舍不得，但既然已经答应了区明，只能以如愿相赠。原来如愿是青洪君手下一位有法力的婢女，能够帮人致富。区明得到如愿后，一切愿望都在如愿的帮助下得以实现，果然成为巨富。然而随着时日的推移，区明逐渐骄傲自满起来，对待如愿也不那么好了。有一年正月初一，如愿起床晚了，竟遭区明殴打。如愿不堪忍受，便跑到粪堆边纵身一跃，不见了踪影。区明拿着竹杖一边打粪堆，一边呼唤如愿，但如愿已经一去不复返了，区明后来也家道衰败。打粪堆这个民俗，寄托了人们渴望致富、祈求丰年的美好愿望。今天正月初一不倒垃圾出门的习俗应该也与此有关，因为恐怕如愿藏在垃圾中。

正月十五，祭神迎神

说过初一说十五。说到正月十五，我们马上会联想到吃元宵和观灯。然而，这样的习俗主要形成于魏晋南北朝以后。在魏晋南北朝时，正月十五是个祭祀的日子，所举行的各类活动也大多与祭神迎神有关。举三个例子。

第一个例子是祭蚕神。正月十五恰逢桑树抽条发芽之时，而桑树生长的好坏关系到蚕业的丰收与否，关系到百姓的生活状况，也关系到政府的相关收入，所以政府大力鼓励种桑养蚕，百姓也特别关注蚕业。如此，社会上下兴起祭祀蚕神、祈祷桑多蚕旺的习俗，也就十分自然了。《岁时记》记载"正月十五日，作豆糜，加油膏其上"，即祭祀蚕神的用品是浇上肉油的豆粥，这有为蚕逐鼠的作用。人们手持豆粥，登上屋顶，口念咒语："登高糜，挟鼠脑，欲来不来？待我三蚕老。""三蚕老"是指蚕经过20多天的生长，三变成茧。据说这样可以赶走老鼠，保护蚕的安全，促使蚕早日吐丝。

第二个例子是迎紫姑。《岁时记》记载："其夕，迎紫姑，以卜将来蚕桑，并占众事。"相传紫姑原是大户人家的小妾，虽然得宠，却为正房曹夫人所妒忌，经常被驱赶到厕所、猪圈等处干脏活。后来紫姑不堪虐待，正月十五气

元宵之夜迎紫姑

愤而死。紫姑的悲惨命运激起了人们的广泛同情，渐渐地，紫姑就演化成了厕神。每到正月十五的夜里，人们就抬着一个扮成紫姑模样的假人，到打扫干净的厕所或猪圈边，迎还紫姑。人们对着假人祷告："你丈夫和曹夫人都不在了，请紫姑出来吧！"如果觉得抬着的假人重了，就是紫姑出来了，这时就要赶快摆设酒果祭祀。如果紫姑享用了，假人的容貌就会"辉辉有色"，这时就可以向紫姑卜问未来蚕桑的好坏，顺便问问其他事情。迎紫姑的习俗，可能反映了中国古人对厕所洁净卫生的重视吧。

第三个例子是做宜男蝉。《岁时记》记载："都人上元夜作宜男蝉，似蛾而大。"宜男是萱草的别名，今天习称黄花菜、金针菜，它是中国古代象征母爱的母亲花。古时候游子要远行时，就会先在母亲的房边种植萱草，希望借此减轻母亲的思念。曹植的《宜男花颂》中赞美道："草号宜男，既晔且贞。其贞伊何？惟乾之嘉。其晔伊何？绿叶丹花。"这几句话的意思是：宜男草光彩鲜艳，品行正直。为何说它品行正直？要生男孩，得依靠它。为何说它光彩鲜艳？生长绿叶，开放红花。正月十五的晚上，人们用萱草做成好像飞蛾形状的宜男蝉，让孕妇们佩戴，据说必生男孩。这种习俗，反映了中国古代社会重男轻女的传统思想。

丰富多彩的上巳节

再来说说三月三。《岁时记》记载："三月三日，士民并出江渚池沼间，为流杯曲水之饮。"早在先秦秦汉时期，人们便在三月第一个逢巳的日子来到水边，以香草沐浴，清洗宿垢，期望消灾祛邪，这叫"祓禊"。因为这种仪式是在三月的第一个巳日举行的,所以这一天被称为上巳节。及至魏晋南北朝时期,上巳节固定在每年的三月初三,而不再管这一天是不是巳日。另外,节日的内涵也更加丰富多彩了。上巳节这一天,人们集体出游,来到水边,已经不仅是为了沐浴去垢、消灾祛邪,更积极参与的活动还是饮宴游玩,其中最有趣的活动就是"流杯曲水",也称"曲水流觞","觞"在这里指斟满酒的杯子。据说曲水流觞可以去除疾病,迎来吉祥。人们喜欢呼朋唤友,会聚在风景优美的清流萦绕之处。大家散坐水旁,以酒杯盛酒,放入曲折的溪流中,酒杯流到谁面前,谁就饮酒,有时还要吟诗。也有"曲水浮卵""曲水浮枣"的游戏,就是将鸡蛋或红枣放入水中,漂浮到谁面前,就由谁取食,以此为乐。而如果追寻曲水浮卵、曲水浮枣习俗的缘起,应该与感生求子有关,因为鸡蛋在这里象征着生育,枣子则谐音"早子",寓意为"早生贵子"。

流杯曲水

魏晋南北朝时期，三月三上巳节已是地不分南北、人不分上下，大家都喜欢过的盛大节日。当然，上巳节在不同地区也各有一些特色。如在北方地区，其时匈奴、鲜卑、羯、氐、羌等族建立政权，由于这些非汉民族的民风相对彪悍，所以北方的上巳节游戏中加入了较多骑马射箭之类的内容；而在南方地区，暮春三月正是风和日丽、令人赏心悦目的好日子，所以上巳节成了洗濯歌舞、曲水流觞、浮卵、浮枣的全民娱乐性节日。讲到这里，回想我们讲过的王导、王羲之伯侄的故事，就知其然也知其所以然了。正是因为选择了上巳节这样的全民娱乐性节日作为"档期"，王导导演的政治好戏才大获成功，从而奠定了东晋王朝的百年基业；王羲之主持的诗酒大会才被传颂千年，从而竖起了中国文化的一根标杆。这就是名臣王导的超级谋略、名士王羲之的特别用心吧！

　　具有悠久的历史渊源，同时也被列入中国现行国家标准的三个节日，在魏晋南北朝时期的大概情况，结合《荆楚岁时记》的几条记载，就讲到这里。《荆楚岁时记》作为民众节日的写真，由此可见一斑。而如果我们前后比较，那么《荆楚岁时记》记载的这些节日民俗又可谓承上启下：承上是指节日民俗由秦汉的神秘化走向此时的生活化，由秦汉的显得庄重走向此时的追求轻松；启下是指经过魏晋南北朝的生活化与追求轻松，到了隋唐时代，岁时节日就真的成为人们放松身心、享受快乐的日子了。而魏晋南北朝历史本身的独特地位及其承上启下的广泛意义，又何尝不是如此呢？

第二章

隋唐五代

— 统化王朝的再形成

统一的再现与隋朝的灭亡

文：李鸿宾

隋朝建国的意义：一统化王朝的再形成

公元581年，主宰北周朝廷大权的外戚杨坚篡夺政权，建立了隋朝。八年后，隋文帝杨坚又派大军南下征服了江南的陈朝，进而统一南北，结束了东汉灭亡之后的分裂局面（中间虽有西晋的统一，但时间太短，暂不计入）。按照王朝传承的习惯，一统化的隋朝在中国历史上的地位，体现在它结束了以往的分裂局面，使全国又复归到一个中央集权式的王朝规模。这样的地位在中国历史上十分重要，也支配了今人对过往朝代评判的基本态度。

为什么追求一统化的王朝能够成为人们褒扬的理由呢？

英国历史学家塞缪尔·芬纳在他那部著名的《统治史》一书中列举了人类历史中国家政治体追寻的道路，大多选择的是集权性帝国王朝的模式，像古希腊雅典、斯巴达那类城邦国家反倒屈指可数，有同异类。那些集权式的王朝，有些规模很大，堪称巨型王朝，譬如西亚的波斯帝国、地中海周边的罗马帝国和从罗马帝国分裂出来的拜占庭帝国，乃至后来的奥斯曼帝国等。然而，最突出且一以贯之的还是从秦至清的中国王朝。

阎立本《古帝王国》中的隋文帝杨坚像

中世纪以后，西方尤其是欧洲大部，多以王国、公国和诸侯国为主，形成的是各自为家的中小型王朝纵横捭阖的局面。纵观中西历史，东西方在国家建构的过程中，相同中隐藏着明显的差别：大规模的王朝帝国始终是东方国家尤其是中国的诉求。

何以如此呢？这是一个异常复杂而难解的问题，但并非不能给出答案。我从以下两个层面予以解释。

首先，中国王朝据以立足的地缘环境具有建构大型政权的优势条件。

人们熟知的东亚大陆自东向西成平原、高原逐级递增的地域，以黑龙江黑河至云南腾冲为一线（有的称作"胡焕庸线"，以人口密度为基准），将这片广袤的地带划分为东南与西北两个部分。东南多平原、盆地，气候温和，降雨适中，适宜农业生产；西北则多高山、草场和沙漠，气候寒冷，降雨稀少，适宜游牧或半农半牧，有些则属无人区。中国早期文明多发源于这条线的东南部黄河、长江流域，那里正是农耕区的优势所在：广阔的空间为大规模农耕生产提供了便利的条件，以此为生计的政权亦能形成规模性的王朝。秦朝与汉朝就是如此，隋朝的再兴也是如此。与欧洲的地理不同，从中原起家的王朝周边地带多处于这条线之西北，除了蒙古高原能够承载强大的游牧帝国之外，其他地区出现的政权，限于诸种条件，多以中小规模的形式展现，无法抗衡中原王朝。

其次，中国王朝有追求统治天下的传统，以及以"文明"熏染"野蛮"为使命的思想意识。

这种想法是以上述地缘环境为前提的。正因为周边地区的条件不如中原，政权建设比较简单、草率，在中原王朝眼里，这些都属于"野蛮"落后的群体组织，需要被"教化"。这至少成为从《春秋》《史记》到《清史稿》话语的主旨。在这种思想的支配下，中原王朝一旦自身具备了向周边拓展的能力，就打着消除"野蛮"、提高"文明"的旗号采取行动。事实上，中原王朝也是这么认为的。

这就是人们评判隋朝的两个理据。隋朝存在的时间虽然短暂，却为随后唐朝的崛起并臻于鼎盛的局面奠定了基础，如同为汉朝奠定基础的秦朝一样。所以，尽管隋朝持续时间不长，但影响很大，人们也愿意以此作为认识和评论它的依据。

隋朝无休止的兴建与拓展：在矛盾和冲突中灭亡

实现统一固然是隋朝的贡献，但这也成了隋朝自大和自负的资本。此前，一旦各个王朝的统治势力发展到一定规模或程度，统治者便扩展他们的胸怀，想要纳天下入股掌，汉-赵的刘渊、后赵的石勒、前秦的苻坚等，都怀有这种企图，无奈心有余而力不足，成千古之恨！隋朝踵继其后完成了先贤之夙愿，固然值得称道，但凭借兴盛局面的再现，其统治者的心态也随之膨胀，甚至忘乎所以。尤其是隋炀帝杨广当政之后，他所表现出的舍我其谁的恣意放肆，成为其后一切矛盾激化并导致隋朝灭亡的渊薮。

从公元581年建国到公元618年灭亡，这短短37年间，两《唐书》（即《旧唐书》《新唐书》）、《资治通鉴》等文献几乎不间断地记载隋朝大兴土木、拓展周边的各种举措，诸如大规模修建西都大兴（唐长安）、东都洛阳城，开挖驰道贯通全国，修筑长城防备外敌，开挖大运河沟通南北；北向出击与突厥鏖战，东北对付契丹，西边出兵青海击溃吐谷浑，特别是三次大规模出征高句丽等；所动员和征发的人力、物力、财力不计其数，仅人力一项动辄数十万、上百万，青壮年男子不够征用，强征老弱病残弥补；男子出征在外，迫使妇女代劳农田生产。全国上下数千万人口中，没人能够逃脱厄运，避免灾难。这种连年不断的征发的目的何在呢？是富国强兵、弘扬天朝之皇威，还是另有他图？一切的记载都指向隋炀帝的好大喜功，但他恣意所为背后隐藏的是集权体制赋予皇权不受制约的权力放肆。

隋炀帝像，出自《说唐演义全传》

如上所述，就以往的经验而论，走上

一统化王朝道路的政权，都是通过加强集权尤其是皇权并以武力开拓的方式达成，隋朝亦不例外。这种体制使权力集中于"皇帝"一职，使统治者具备了调动属下全部力量的能力。采用这种办法建立全国政权，效率极高；也能将全国的力量集结在皇权手下，完成统治者所企望的目标。说白了，这种权力用得好，能为王朝走向兴盛创造条件；用得不好，就可能灾难频生，贻害国家。文帝主政下采取因应一统化国家的举措，尚能调整方向、把握尺度，做到张弛有度或者量力而行；但炀帝掌握权力后，则任意妄为、不受阻止，在他膨胀的个人意志的支配下，兴师动众，全国上下大动干戈，更有为满足皇帝欲望的无穷无尽的劳民伤财。如果说秦始皇一生折腾尚有建构一统化王朝的不尽追求，隋炀帝的行为则充满强烈的个人私欲，原本促成王朝富强的动力一旦走偏，就会贻害天下，造成的损失无法弥补。隋朝的灭亡，原因就在这里。文献记载炀帝后期全国烽火连绵，荒乱成片，民众造反遍布内外，这实属被逼无奈，因为他们的生存已受到了严重的威胁。更惨的则是统治集团内部的普遍不满和随之而来的相继背叛，这直接挑战了炀帝统治的合法地位。各地纠结力量相继反叛，李渊趁机起兵推翻隋朝取而代之，正是否定隋朝法统地位的必然选择。

就一般常理而言，隋朝灭亡的原因如上面所述。

隋炀帝墓志，2013年于扬州曹庄出土

但若从地缘政治的角度着眼，日本东洋史学家宫崎市定的说法则有道理。他说炀帝后期蜗居江都（今江苏扬州），远离京畿，背离了统辖全国的固有格局，一旦京畿有事，炀帝远在千里之遥的江都无法应对，岂有不败之理？那么，这种全国性的统治架构究竟如何，其特点何在呢？

唐朝的建国之路

文：李鸿宾

唐朝的建国之路：秦汉的延续？

隋炀帝跑到江都，远离都城享受安逸，一旦都城出事，隋炀帝无法招架，王朝最终灭亡。他的行为打破了隋朝的地缘政治框架。那么，这个框架的特点在哪里？唐朝的建国之路是延续传统还是改弦更张了呢？

首先，唐朝的建国之路并非新创，而是和隋朝一样沿承了传统。这个传统起源于秦朝。

战国后期兵戎相争，以关中为根据地的秦国相继征服和消灭了东方六国，进而统一了全国，秦国也变成了空前的大帝国。幅员广阔、人口众多的王朝原本就是通过战争一步一步建构起来的，秦国统辖全国是建立在它原来特有的统治集团的治理与统治的基础上，它以关中为根据地，向四方开进，重心是面向东方，再以东方面向南方，从而一步一步拓展。这种步步为营的建国行动，是通过以点带面般的控制方式，将众多的人群和地区统合在一起。这就是秦朝建国的基本步骤。区域、阶段、非均衡或非均质化，是我们理解这个巨型王朝特征的重要词语。

继其之后的汉朝建立之前，无论是项羽独占鳌头于前，还是刘邦争雄于后，这些势力大多来自东方的楚国之地。按照他们的意愿，建立政权应该以他们盘根错节的东方地区为首选，项羽及其部下也确有此意。但是，随着刘邦争胜，汉朝建国的模式还是延续了秦朝以关中控制山东（即函谷关以东）、宰制江南控制全国的方式，这说明秦朝的控制方法是全国性王朝得以架构的有效手段，若违反这个规则，就只有失败。

历史学家对定都关中给出了不少说法，有各种因缘和机遇，天意的、人为的，解释多种多样，都有各自的道理。我们这里仅从地缘结构的角度提出一种说法，供大家讨论。这个说法建立在中国古代王朝建构的基本模式上，即通常由一个特定的统治集团占据一个相对稳固的地区，通过武力消灭异己、步步夺权，最终

洛阳新安县汉函谷关遗址

取代旧王朝而建立新政权。这种方式最大的特点就是从"以点带面"出发，达到"全盘控制"的结果。为什么呢？因为统治集团的能力有限，做不到全面布局而一步到位，只好退而求其次，建立一个从中心向外围逐步拓展的多维度的圈层结构。于是，人群和地域的组合就呈现内外配套、主辅分明的二元或多元式的王朝架构。这就是中国古代王朝起家建国的一般模式。这方面的分析和研究，陈寅恪、毛汉光等人所做的工作对我们启发很大。

就此而论，我们可以看到，古代王朝的争权者若要有效地控制全国，首先必须抓住核心，依此向外层层推进，秦汉以后的一统化王朝多沿承这个套路。当时的核心之地在关中，拓展的方向是山东和江南；核心集团若抓住关中，立足于此控制都城，其优势尽发，成功的可能性就大于其他任何地方。这有点像英国地理学家麦金德"心脏地带"的理论所描述的那样："谁统治东欧，谁就能主宰心脏地带；谁统治心脏地带，谁就能主宰世界岛；谁统治世界岛，谁就能主宰全世界。"[①]他所说的这番话对我们理解中国王朝建国发展的方式有很大启发。唐朝及以前的王朝的确是这么建立起来的。

其次，隋朝走的也是这条道路，只不过杨坚借助了北周的平台，不费吹灰之力就夺取了政权，但控制全国的架构依旧如此。若再能因应形势的变化做相应的调整并有创新，王朝的稳固与发展就指日可待。隋文帝杨坚是这么做的，他主政下的国家发展用一帆风顺描述，虽有些太过绝对，但也有目可睹。然而到了杨广当政，为欣赏江都的美景抛离关中之后，这个统治的架构就被破坏了。这表明，依托旧有

---

① ［英］麦金德：《历史的地理枢纽》，林尔蔚、陈江译，北京：商务印书馆，1985年，引言，第14页。

的地缘结构确立的王朝体系有其自身的架构特点，如果顺延其特性、发挥其功能，王朝就能走向发展和鼎盛；如果这个架构尚处在有效的运行中，统治者忽略不闻甚至反着来跟它作对，结局就会很糟糕。杨广就是一个反面的例证。

这也给了那些觊觎权力者极大的机会。李渊起兵反隋，就抓住了隋炀帝的这个弱点，他挥师挺进关中，迅速占领都城，以此步步为营建构新王朝，终于获得成功。这种举措正是对建国传统的继承。炀帝之败及唐朝之成功，再次证明了一统化王朝之秦汉道路的有效性。

一个是隋炀帝杨广的反例，一个是唐高祖李渊的正例，从不同侧面证明了中国古代前期秦朝开创的建国道路及其模式对建构全国性一统化政权的作用。这是我们看待杨广失败、李渊成功的地缘政治的背景，也是对前面宫崎市定说法的回应。唐以后中国王朝的建国模式则另有创意，那是时代形势、政治集团角逐的场域及其周边外围环境变迁的结果。

唐代巨型王朝的建构：轴心时代的意义

如上所述，唐朝建立政权的方式是：从太原起家的李渊集团（核心势力）先占据关中，以都城为根据地，随后征服山东，扩展至江淮和南方各地，其控制的布局以三个方块区域构成一个整体。这与秦汉建国的道路相似。它的特点是以控制各地的州县治所城镇为中心，依此推向周邻四地予以统辖，可谓"以点带面"的框架建构。这种架构包裹了其势力所及的东亚大陆广布的农耕地带，即以黄河、长江流域

唐高祖李渊像

为中心的幅员广阔、人口众多的耕作区域，这也是中国传统的中心地域，采用冀朝鼎的说法，叫作"基本经济区"。①

在此基础上，如果向周边地带进一步拓展，就超越了农耕社会进入半农半牧、渔猎游耕或游牧地区，这里是擅长农耕的汉人（尤其是统治集团）耳熟能详却无亲身体验的社会。当初秦始皇统一农耕核心区之后，乘着雄风遣派将军蒙恬等人率军开向草原进攻匈奴，但遭遇匈奴骑兵的强劲抗衡。秦朝转攻为守，修筑长城固防北疆。自认为超越炎黄诸帝且征伐六国势如破竹的秦始皇，面对草原雄劲的游牧势力，一筹莫展。

刘邦建国后，也打算乘胜追击征服匈奴，无奈遭遇"白登之围"，数十万大军反被匈奴围剿，要不是部下娄敬（赐刘姓）等人献议贿赂与和亲，包括刘邦在内的汉军只有死路一条。即使数十年之后欲报一箭之仇的汉武帝遣派数支大军北上草原击溃了匈奴势力，汉军也不能长期占有其地，被迫撤兵。汉朝向东北推进攻灭卫氏朝鲜（今朝鲜半岛北部一带），设置乐浪等四郡；向西打通河西走廊，设置河西四郡，算是比较成功的开拓。但其本意并不在两翼，而在于草原，因为那里的匈奴最具威胁性，倘若切断它与东西两翼的联系，就能有

---

① 冀朝鼎：《中国历史上的基本经济区与水利事业的发展》，北京：中国社会科学出版社，1981年，第9—10页。

效地解决北面的压力。这才是汉廷战略布局的整体走势。汉朝能够走到这一步，已经是倾其所能了。

与之对应，唐朝向周边开拓的幅度和深入的程度，均已超越前朝达到了新的高度。贞观四年（公元630年），唐廷趁东突厥天灾人祸之际，调派大军深入草原腹地，一举擒获其首领颉利可汗，东突厥随之灭亡。在此前后，铁勒诸部亦主动降服，草原易主，唐太宗集"皇帝"和"天可汗"称号于一身，成为包括游牧势力在内的众多民族供奉的君主。随后，唐军挺进西域攻灭高昌国（今新疆吐鲁番一带），部署安西四镇控制天山南北；挥师东北击败高句丽等。通过这些行动，唐朝向周边四地陆续推进，再设置都督府、都护府和羁縻府州等予以控制，移民实边、传播儒家学说和思想教化则是随后的跟进措施。军队开拔在先，行政建置尾随，教化普及跟进，就是中原王朝边疆开发和拓展的基本步骤。唐朝表现得尤为突出，它承前启后，在中国历史上影响广远。

由中原与周边四地组成的唐帝国，其发展的规模不仅超出了隋朝，也越过了秦汉。在它兼跨长城南北农耕和游牧地区的广阔地域上，活跃着汉人和其他族系的众多群体。为了维持政权的运转，唐朝制定了一系列政治（中央、地方官制）、经济（均田制、租庸调制）、军事（中央禁军、府兵制、边兵制）、法律（律令格式）、人才选拔（科举制）制度，有效地促进了国家和社会的发展。这尤凸显于唐朝的前期，以致日本学界将唐朝视为"律令制国家"；政治学家弗朗西斯·福山也将王朝时代的中国视为世界上以行政手段治理国家的代表，即统治力极强的典型。这样的概括，的确触及了中国王朝国家的实质。

与唐朝并行或前后并处的，还有欧亚大陆北部的游牧帝国突厥，

《张议潮统军出行图》，敦煌莫高窟156窟长卷式壁画，表现了张议潮出兵抗击吐蕃的场面

它虽分裂成东、西二部，但驰骋草原，东西兼统，成为继匈奴之后有影响力的游牧帝国。公元630年，东突厥被唐朝兼并，然而50年之后再度崛起，持续到8世纪中叶；代替它的回纥（鹘）帝国又成为蒙古高原的主宰者。西南端的青藏高原，尾随唐朝立国而至的是农牧兼具的吐蕃帝国，它向东北开拓又兼并了吐谷浑，直接与唐朝对垒；安史之乱后，它又控制了河西走廊直至天山南北的大片土地，成为另一个称雄的势力。西域纵深之地还有萨珊波斯，它纵横于东西之间；伊斯兰教崛起于阿拉伯半岛之后，出现了中国史籍中记载的"大食"即阿拉伯帝国；地中海沿岸东半部延至小亚细亚的拜占庭帝国，承继罗马帝国传统，雄踞欧亚非之间。这些分布在旧大陆各地规模不等的政治体，与唐朝共同构建了7—10世纪世界图景中的王朝帝国的政治架构，有如德国哲学家雅斯贝斯所谓的纪元前数百年间的"轴心时代"之特征。新西兰坎特伯雷大学的艾兹赫德教授著有《唐朝中国：世界历史中的

东方崛起》[①]一书，将唐朝的政治、经济、思想、文化各方面的发展与印度世界、伊斯兰世界、拜占庭帝国和基督教拉丁世界一一横向比对，描述出那个时代这五种文明体发展的诸般特征。在他的笔下，各文明之间的藕断丝连呈现全景式的画面，彼此之间的隔断被俯瞰式的观察所连接，堪称区域世界的共时性展现。于此期间，唐朝以多方面的成就具有了引领纪元后第一个千年后半纪的优势。

[①] S. A. M. Adshead, *T'ang China: The Rise of the East in World History*, New York: Palgrave Macmillan, 2004.

唐朝前期的南北兼容

文：李鸿宾

东突厥的灭亡：唐朝南北兼跨局面的确立

公元630年，是"轴心时代"东亚大陆这片广袤区域的一个标志性的时间点：它的南部农耕区的唐朝政权将北方草原帝国兼并，从而递进为南北兼跨的巨型帝国，结束了南北对峙的时代。

被唐朝兼并的东突厥，于公元552年脱离草原柔然人的控制而独立建国，一时发展拓进至蒙古高原的全部，形成了对应先前匈奴帝国的兴盛格局，接续了人类历史上游牧式帝国沿承的使命。它与人们熟知的、以农田耕作为生存基础的大型农业王朝构成了古典世界两个基本形态的政治体，支配了数千年的人类命运。

第二章　隋唐五代——一统化王朝的再形成

突厥虽然活跃于草原的东西南北，但对它更具有吸引力的是南边的农业帝国，那里的粮食和精美的丝绸、贵重的器物对它具有巨大的诱惑，因为其自身无法生产。南向发展与农耕王朝的"恩怨情仇"，似乎构造了双方之间脱不尽的"链接"。原本不同类型、彼此独立的国家政治体，被经济、贸易、军事、政治等多种关系勾连，古典世界彼此互动的图景由此展现。

隋唐建国以前的黄河流域，分别存在着东魏—北齐和西魏—北周政权，它们相互争雄，都想吃掉对手，为此纷纷向突厥纳贡以求奥援。突厥则支持双方，坐山观虎斗，从中渔利。李唐建国前后，李渊在推翻隋朝的过程中与其他势力相互角逐，也曾向东突厥称臣纳贡，以获取他们的支持。然而唐朝一坐大，东突厥就备感压力，双方的相互支持随之转变成了相互对抗。就在唐太宗发动"玄武门之变"夺取皇位不久，东突厥颉利可汗便率军南下逼近长安，给了唐太宗一个下马威。最终唐太宗以与他们曾经约定的"香火之盟"迫其退兵，私下则给了不少好处。东突厥满足后，就解除了威胁。

太宗当政后，唐与东突厥的攻守战略转而有利于唐。贞观四年（公元630年），东突厥内部矛盾加剧，冰雪风暴致使人畜大损，唐朝便趁机出军北上，将东突厥汗廷一举捣毁，擒获颉利可汗。草原铁勒诸部也纷纷归降，一时间北方各地均纳入唐廷的统辖范围，兼跨长城南北农耕、游牧地区，汉人和非汉人众多族群组合的王朝架构就此形成。

在这个体系内，中原农耕地区与周边四方形成了王朝地域的内外组合，这已超越了农耕地区的单一构成，建构了新型的王朝模式。此前的秦汉，虽也多次挺向蒙古高原，有所企图和展望，但是受条件的制约，尤其是匈奴势力的阻遏，他们非但不能跃进，反而频繁受挫，被迫修筑长城以自保，或以"和亲"做贿赂换取"和平"。与之对照，唐朝则挺向了草原，兼纳南北，可谓前无古人、后无来者。为什么这样说呢？

在中国古代的诸多王朝中，类似唐朝这样以汉人政治集团为主宰、以中原为核心发展起来的王朝，占据游牧草原以扩展自己，之前有秦、汉的尝试，但没能持续。后来的宋、明大体处于自保的状态。能够突破这种限制，成为草原、农耕地区兼备的一统化王朝的，只有游牧贵族创建的元朝与满洲贵族建立的清朝。然而，这些统治集团的主宰者均非汉人，可知唐朝扩展的幅度与建构的跨越政权，在汉人王朝中应属"空前绝后"的。

吐蕃的东进与突厥的复国：唐朝南北兼跨局面的解体

高宗即位后又降伏了阿尔泰山一带的西突厥，剪灭了继东突厥之后薛延陀的对抗势力并统合了草原铁勒诸部，将北部战略延伸到西域腹地和东北乃至朝鲜半岛。经过高祖、太宗、高宗当政的前后打拼，唐朝终于控制了中原周边的蒙古高原、西域和东北各地，包括南方的广远地区，形成了集农耕、游牧于一体的以"皇帝""天可汗"称号为标识的大型帝国，盛况空前，与欧亚非大陆诸国并峙，构成了新的"轴心时代"的主旋律。

为了安置以东突厥为主的降附游牧势力，唐太宗与朝廷文武大臣反复商议，最终采纳中书令温彦博的建议，以羁縻府州的形式，将这些降户安置在灵州（治回乐，今宁夏吴忠西）至幽州（治蓟县，今北京城南）之间的长城沿线，这里南下可进入农耕核心区，北上则可进入游牧的草原世界，满足了突厥人的生活需求，可谓策略适宜、灵活有度。羁縻府州虽非唐朝首创，但整体化和制度化则始于唐太宗君臣的谋划。与此同时，为了加强控制，唐廷又在外围地带广设都护府军政机构，旨在维系这些地区的社会安全和稳定。都护府以军事机能为要，兼具行政治理之功能。

按理说，这样的安排不可谓不周全，也能充分考虑突厥和草原其他势力的特殊情况。但是，随后的情形并非依照唐廷的意愿发展。突厥贵族不断出现叛乱或对抗，有些还颇有规模。到了高宗、武则天时期，北边的形势逐渐不稳，最终演变成公元680年前后突厥降

天可汗唐太宗

户大规模、持续性的反抗。面对这种形势的遽变，唐廷先是征用都护府军队进行弹压，但无济于事，自身损失惨重，随后采用征集各地兵员组成行军的方式予以征讨。组织行军是唐朝前期为应付周边大规模的战争而采用的一种惯常做法，其军队人数多达数万甚至数十万。但面对突厥的反抗，唐廷这次的举措未能奏效。他们征服了这一拨突厥人，那一拨又重新崛起，持续不停，终以突厥复辟重新建国而告结：公元630年之前游牧、农耕地区南北对峙的局面重新形成。

与突厥反叛对应的另一种周边形势，是7世纪20年代崛起于青藏高原的吐蕃，在其君主松赞干布的率领下迅速坐大。从地缘政治的角度讲，吐蕃坐大并对外扩展的方向，一是向它的东北即对着唐朝而来，

二是朝着西北进入西域腹地。夹在唐与吐蕃之间的今青海、甘肃南部一带，是农牧兼有的吐谷浑政权。当初隋朝兴起之后向西部开拓，其中一个目标就是吐谷浑。吐蕃若向东北纵深发展，吐谷浑就首当其冲。就在唐高宗、武则天掌权的时候，吐蕃兼并了吐谷浑，占有了青海，直接与唐朝对垒；随后又通过几次军事较量，直接威胁唐朝都城的西部防线。在与吐蕃的军事冲突中，唐朝曾遭遇过滑铁卢式的失败，唐长孺先生总结说这时候唐朝的军事战略被迫从此前的攻势转变成守势，就是针对咄咄逼人的吐蕃而言。

一个在北部重新崛起，一个从青藏高原威胁唐朝的西部，周边其他势力譬如契丹、奚等，也都趁机上下周旋，时叛时降，整个局势异常严峻，唐廷不得已采取了节度使防边的战略。这样，原本是王朝组合的周围四方的各族势力再次成为朝廷防范的对象。唐史学界普遍认为，初期向外开拓形成的"内重外轻"的格局，到此时变成了"外重

尺尊公主（左）、松赞干布（中）、文成公主（右）塑像

内轻"的局面。这表明，南北兼跨的一统化王朝架构就此解体了。

何以如此呢？这个问题过于复杂，三言两语说不明白，但正如上文所说，虽然复杂，总有一定的答案给予解释。我不打算面面俱到地讲，只大略言之，旨在引起更多的思考。

整体看，从出兵蒙古高原到向西域腹地、东北朝鲜半岛深入，相继征服或收降众多的游牧、半农半牧、渔猎势力，进而构建南北东西兼跨的帝国局面，事实表明，唐朝具备了这种开拓能力。具体说，其军事布局讲究方法，将领指挥得当，胡汉士兵勇猛顽强，尤其是胡汉兼容的上层统治集团，兼具北方胡人文化要素并与中原传统有机结合，具有挺向草原的意识和动机，充分利用了突厥的内部矛盾，采取"离强合弱""远交近攻"等手段将其肢解，又将中原周边的游牧、半农半牧等势力收降，构建了一统化王朝。然而，能否持续而有效地维系这种异质性一统化王朝的局面，从上面诸多连兵反抗的结果看，唐朝尚不具备这种能力。安抚游牧上层权贵如何妥帖、设置羁縻府州如何因应形势，这些措施无论多么聪明智慧，都是建立在唐廷不能完全稳定周边局势的基础上。唐朝使出浑身解数维持，呈现的似乎是心有余而力不足的窘况。这是我对此问题的一个基本判断。至于是否恰当、是否有说服力，希望大家评判。顺带一说，唐朝解体之后，中华帝国大一统王朝再现的任务就落到了蒙古和满洲贵族集团的肩上。

丝绸之路与封贡关系

文：李鸿宾

唐朝盛世局面的形成：丝绸之路的畅通

　　丝绸之路在今天已成为古典社会兴盛的标志之一，长久以来的着意刻画使人们对丝绸之路充满了奇异幻想，甚至觉得它玄妙无比。若说中国历史上以丝绸之路扬名的朝代，应当以汉、唐为典型。为什么呢？这不得不先明确丝绸之路特定的内涵。

　　今天人们理解丝绸之路，主要关注中外之间的经济、贸易交流引发的中国与海外特别是西方的联系，沟通、交往、互动成为这一概念的中心词汇。这么理解的确触及了丝绸之路的本质。就唐朝而言，这条道路基本上始于都城长安（包括东都洛阳），向西途经河西走廊至敦煌，西出阳关步入塔里木盆地，分成南缘、北缘两条道路会合于疏勒（今新疆喀什），再越过葱岭（今帕米尔）通往中亚绿洲，向西最终至东罗马拜占庭的都城君士坦丁堡或直奔欧洲大陆。

然而，这是一条过于理想的路线，事实上并非一以贯通，而是以各个区域和地段的彼此交往连贯起来的。也就是说，从长安出发到河西走廊可能是一段交往的区域；从河西走廊到高昌（唐朝西州）又是一个特定的地段；西州至天山南北、塔里木周边各地，很可能又是一个特定的地段。这么理解丝绸之路，可能更切合实际。至于葱岭以西的交往贸易，就是另外的国家和地区承载的任务了，跟唐朝没有直接的关联。从事这些贸易活动的，当然有汉人、突厥人、回纥人、吐蕃人等等，但是从出土文书包括文献记载来看，更多的是中亚的粟特人。唐宋的文献如两《唐书》《册府元龟》等，记载这些粟特人（汉文文献中通常称为"昭武九姓"）善于经商，他们追逐利润，不辞辛苦，似乎是天然本性。这是文献对他们的特性的普遍描写。实际上，这是由他们居住的河中地区联系东西南北的特殊地理条件决定的。翻开吐鲁番文书，有不少地方出现了"兴胡"的字眼，这是粟特商人的专有名称，他们在西州市场频繁出现，前往内地或中亚行商交易。他们的身影早在秦汉时期就已出现在汉地，这在传世文献中有若干

背着货物的粟特人陶俑

彩绘胡商牵驼俑

记述。

20世纪初，英人斯坦因在今敦煌汉代城址遗存中发现了几份粟特人写给家人的书信残片，上面记载了他们到汉地经商遭遇都城被焚毁的灾难以及其他若干事项。中外学者反复讨论，将信件内容的时间推定为汉末或西晋末年。对此虽然至今尚存争议，但这些书信描述的粟特商人活跃的痕迹清晰可见。至于唐朝的"兴胡"往返河西走廊沟通中西的记述，则更为多见。学者们已勾画出他们自西向东发展的聚落和据点的路线，从塔里木盆地南北边缘奔向河西走廊之敦煌、酒泉、张掖、武威，一直到长安、洛阳乃至营州（治今辽宁朝阳），几乎遍布北半个中国，也有不少南下的。日本学者池田温研究的敦煌怀化乡的民户，几乎都是粟特人构成的。他们辗转迁徙，成为历史学家追寻的对象，也足以证明粟特东来的现象之普遍。与文书记载成对照的文献也有所记述，其中德宗贞元三年（公元787年）的事件颇为典型：在宰相李泌的督促下，唐廷有关部门核查长安城内的西域使节、常驻商人超过4000人，他们早已置办房屋财产并娶妻生子。朝廷为他们提供了两条道路：要么返回老家，要么成为唐朝的百姓而承担义务。结果他们全部选择留居，无一人返国。这是粟特人、西域人在唐朝活动的典型事例。中外学者对这方面的研究非常多，限于篇幅，我们在这里就不再过多地涉及了。我们列举事例旨在说明，从事陆路的中外贸易，粟特人应该是重要的力量，唐朝前期丝绸之路的场面，可能主要由他们来呈现，唐朝与外界联系的兴盛景象也由此展现出来。

但在安史之乱中，吐蕃趁机占据河西走廊，阻遏了唐朝与西方的联系，中外贸易的交流路线被迫转向了南方沿海地区。所谓"海上丝绸之路"的起点多在番禺（今广州）和泉州等地，贸易物品通过船运从南海出发，经马六甲海峡沿印度次大陆海岸驶向阿拉伯海和波斯湾，再转向小亚细亚到达欧洲。承担船运的多是阿拉伯和波斯商人，唐人则集中在番禺、泉州等地跟从贩卖交易，形成了中外联手的海上贸易网络。这应当是唐朝后期中外交流的主要渠道，它直接影响了宋、元、明、清等朝代的对外交往。

至于草原北道的丝绸之路，唐后期表现更多的是与回纥帝国的"绢马贸易"。唐朝需要马匹以供应军队的建设，回纥则需要丝绸和其他物品以供应贵族的消费，大宗商品可能再销往中亚和西域以获得巨额利润。就游牧王朝畜牧经济的特性而言，游牧王朝更需要与外界尤其是物资充足的农业王朝通商交流，以弥补自身经济单一的不足，这应该是古代社会经济贸易交流中一个特别重要的环节。贸易或商品交流之动力，更多地源于这些游牧政权，它们对外界产品的需求远远大于农业帝国。中国历史上草原帝国频繁南下，主要就是奔着汉地精美而实用的产品来的，要么通过交换获得，要么以武力夺取。总之，通商的需求方是草原帝国而非中原王朝，这应无异议。秦汉以来直至大清王朝，都以中华物品丰厚自足于天下，用不着与外界通商交换，中原王朝真正感兴趣的倒是那些珍奇宝物，以满足皇室、贵族的雅尚或炫耀之需。

唐朝与周边域外的联系：封贡关系

前面我们讨论了丝绸之路，首先指明了它的概念和特性，然后介绍了想象中长安至君士坦丁堡的贯通路线和实际区域交往的网络、承担贸易的主要人群、与陆路丝绸之路并行的"海上丝绸之路"和"草原丝绸之路"，连带指明了贸易的实际需求者和促进者。这些内容过于丰富，我们只能选择几点简明扼要地述及，并不周详，这是要特别说明的。

与此相对应的另一个问题就是唐朝与周边域外的联系，这也是唐朝强盛或者如前面所说屹立于欧亚大陆东部构成"轴心时代"世界之一端的因由。

这里所说的唐朝的周边域外，大体包括内缘和外缘两个层面。内缘就是中原的周边，活跃在此的自东北至西南的民族、部族势力主要有靺鞨、高句丽、契丹、奚、突厥、回纥、铁勒诸部、党项、吐谷浑、吐蕃、南诏和南方各部族，前前后后、大大小小，与唐朝289年的国运相伴。这里面的情形又很复杂，突厥、吐蕃、回纥等，实力雄厚并相继建立政权驰骋于草原与高山之间，它们与唐朝的关系也颇为复杂。由此向外的远域，就是外缘地区，分布着朝鲜半岛的新罗、百济，以及隔海相邻的日本，南边有安南和东南亚诸国，西部内陆有中亚的众多国家和王朝，它们与唐朝的联系多少不等，属于唐朝外层的其他政治体。内缘和外缘地带分布的政治体大小不等，发育的程度亦有差别，唐朝的整体构造使它处于中心环节并与周邻各政权构成了欧亚大陆东部地带的王朝网络。采用费正清等人的说法，东亚社会彼此联系所形成的关系，其特点就是"封贡体系"，即中原王朝与周邻各国之间存在着主次有别的关系，作为宗主国的唐朝有接受周邻小国君

第二章　隋唐五代——一统化王朝的再形成　　147

主朝贡并赐予他们名号和地位的权力。这样的概括反映了近代民族国家以前王朝历史架构中东亚社会的基本特征。

章怀太子墓《礼宾图》，前左三人为鸿胪寺卿，左四为东罗马帝国使者，左五为日本或高句丽使者，右一为东北族系使者

作为中国王朝历史中与秦汉颉颃的鼎盛朝代，唐朝处在封贡体系之中心，亦为人所熟知。然而，这里牵涉多方面的关联以及双方或多方的复杂交往，存留至今的中外史料多少不等，汉文以外的材料较少，特别是需通晓多语种文字的高门槛限制了人们对这种封贡关系多层面的认识，许多情况仍有待探索。仅从今人的研究中，我们发现，唐与周邻之关联的加强与否，取决于双方或多方的各自所需。对唐廷而言，外藩诸国的使臣或酋长前来都城长安，是他们心系大唐之荣华、天子之荣宠；但对这些使者、头领而言，他们"屈尊""俯就"，实际上有提高自身地位、获得丰富馈赠的目的。新近出版的王

贞平先生的大作《唐代宾礼研究》[1]对此有较详细的讨论,值得一读。主辅相聚,心怀各异,或各取所需,应当是封贡体系的内在基础。这是我们对以唐朝为中心形成的东亚政治网络的基本认识。这种情形在后来的元、明、清各代亦有所展现,虽然具体的情况千差万别。

顺带一说,东亚封贡体系随着唐朝安史内乱、朝廷控制能力的下降而逐渐解体。经过五代诸国的混战和动荡,辽、宋、西夏与回鹘诸国的建立,政权之间的强弱、大小的变化,没有任何一个单独的王朝具备唐朝那种主宰四方的能力,所以通过辽与北宋之间的"澶渊之盟"、金与北宋之间的"海上之盟"的签订,中原王朝独大而支配四方的格局就被打破了,这也改变了此前东亚特有的封贡套路。这种转折透露出的社会变迁,值得仔细研究。元朝崛起以后,尤其是到了清朝前期,又在某种程度上回复到唐朝时期的状态,这也值得仔细讨论。就中国古代王朝与周边政治体之关系(譬如"封贡体系")的类型而论,唐朝有承前启后的作用,值得我们更深入地去研究。

---

[1] 王贞平:《唐代宾礼研究:亚洲视域中的外交信息传递》,上海:中西书局,2017年。

安禄山叛乱的诱因与结果

文：李鸿宾

安禄山叛乱的制度性因素：唐朝御边体系的构筑与转化

安史之乱因成为唐朝历史转折的标志而为人们所熟知，通过后人不断的记载和描述，安史之乱的具体情节我们已耳熟能详了，虽然尚有诸多细节需要澄清。我在这一节要讲的不是这场叛乱本身的具体情况，而是叛乱背后隐藏的东西，以及叛乱对唐朝此后的发展进程所产生的影响等。先谈第一个问题。

安禄山叛乱打的旗号是清除玄宗周边那些扰乱王朝正常秩序的异己势力，他们以时任宰相杨国忠为首。叛军占领洛阳后，安禄山另立江山的意图就变成了现实，他建立大燕政权取唐朝而代之。他起兵

安禄山像

所依托的军队首先是盘踞幽州的范阳节度使和治营州的平卢节度使军队，外加河东节镇的兵力，总兵力十四五万人，几乎占十节度使49万兵力的三分之一。也就是说，他依靠唐朝的军队进攻唐朝的两京以抗衡王朝，所以叫"叛乱"。

为什么会出现这种情况呢？人们解释说，是安禄山利用了唐廷给予他的机会，或者叫有机可乘。的确是这么回事，但事情并非这么简单。我这里要说的是他依凭的军队背后的制度，如何导致节度使个人权力的增大，以及制度背后到底反映的是什么情况。

玄宗开元、天宝之际，唐廷已陆续设置了九个节度使和一个五府经略使，分布在东北至西南的农耕边缘地带，重点保护以长安、洛阳为核心的中原腹地。防备的对象包括契丹、奚、突厥、吐蕃、南诏等周边各种非汉人的政治势力，突厥、吐蕃、南诏早已建立政权，契丹、奚则以部落联盟的形式存在。设置十节度使的目的就是防边，这是玄宗沿承前朝尤其是武则天的政策进一步发展完善的。节度使防边格局的形成，表明的是唐廷与周边民族和部族势力关系的变动，这也是影响甚至左右唐朝命运的一件大事。陈寅恪先生曾经说魏晋南北朝尤其是北朝时代，整个国家和社会占据主流的大事，一是胡汉关系，一是士族与庶族的关系。要了解那个时代的主旋律，必须要搞清这些关系，才能做到提纲挈领，重点突出。同样，汉人与非汉人（或胡人）之关系于唐朝前后的变化，也是理解唐朝主旋律的一个重要方面。

通过前面的讲述，我们得知，唐朝建国征服、收降其他各支势力的同时，高祖、太宗也不断对周边用兵，试图将中原以外地区的各种胡系势力纳入王朝的控制，以达到大一统的格局。既然将周边胡系势力纳入，就意味着唐朝的统治出现了胡汉内外兼具的二重或多重局面。这是魏晋以来胡人势力进入中原建立政权导致胡汉分合关系的必然结果。隋唐两朝若想建立一统化的王朝国家，就必须统合这些胡汉势力。所以，两朝经营中原之同时，将触角伸向周边远域，是此前胡汉关系的逻辑延展。经过高祖、太宗、高宗三朝的经营和开拓，将东北至西南周边内陆各地的势力相继纳入，构成了王朝内外二重结构的格局。

但是这个格局（或体系）并不是均衡的，而是在人群、地域上分作内外二重（或多重）形式，即以汉人及中原为腹心，以非汉人及周边为外围，内外主辅依次递进，形成了王朝的架构。用唐太宗君臣的话语表述，就是汉人、内地为大树之本根，非汉人、周边则成为枝叶。它鲜明地表达了唐人内外有别的观念。唐朝初期将周边突厥、契丹、党项、吐谷浑等众多势力纳入统辖范围，采取的控制方法和手段也是内外有别，内地称作"正州正县"与国家的"编户齐民"，它们是王朝的主要依托；外围地区则采取羁縻府州的方式安置胡人，外加都护府予以控制。这种办法可谓因地制宜、灵活多变。唐廷以府兵驻守的方式控制全国上下，其中多数居守两京内外，形成"内重外轻"之格局。这是前期通行的做法。

然而，吐蕃崛起于青藏高原并挺向其东北吞并吐谷浑，直接威胁了唐都西部的纵深之地，随之又展开与唐廷争夺西域腹地安西四镇的较量；北面的突厥降户持续叛乱，复国于草原，并紧随其后南下滋扰；加之契丹、奚"两番"首鼠两端，反复无常。周边的这些震荡，使唐朝前期那种"守内虚外"的格局遭受了空前的挑战，府兵驻防机制逐渐失灵。唐廷遣派都护和边防兵前后征讨，调派数万人的行军反复施压，然而叛乱或造反的浪潮一波未平一波又起，致使朝廷措手不及，终于打算通过调整步伐和变革军事制度以加强防守能力。节度使体制随之形成，唐廷遣派人员驻守特定地区以进行有针对性的防守。为了提高效率，朝廷原有的直接任命将领的权力便给了节度使，让他们掌管所在地区的军事、民政和财政，也就是集全部大权于一身。这样，以特定地区为核心形成的新型权力格局就此展开。安禄山之所以有能力调动三镇兵马转而对抗朝廷，就是这个机制赋予他节度使这个职位的权力导致的。我们清楚地看到，朝廷将自身的一部分军权转授给军队将领，目的是让他们防守边地，保卫中原核心腹地的安全，但授予的同时并没有形成对这些将领的控制机制，一旦将领统辖自身所属的军队滋扰闹事，朝廷就很难应付。军队士兵之所以能听从将领之命令，也正是他们身系并附属于将领之结果。随着这一系列旨在防边的体制性改变，权力也发生了转移。这种情形恐怕是唐廷未能预料到的。

节度使体系之建构，表面上是军队结构的变化，但支配这种转变的因素，还是周边胡系势力及其政权的建设与唐廷之关系的转变。说一千道一万，唐朝与其控制下的非汉系民族或族群势力如何调整彼此的关系、如何维系，或者说是分还是合，这才是军事制度变迁、安禄山叛乱之生发的内层制约要素。长话短说，就趋势而言，唐朝立国后所面临的诸多任务之一，就是整合魏晋以来的中原、周边的胡汉关系，通过羁縻府州、正州正县的行政建置，都督府、都护府与军镇的布防，以及胡汉官职的配备等措施，将周边的胡系势力纳入王朝国家的结构之内，从而建设巨型王朝并臻于极盛。这是唐朝统治集团的目标，唐也的确构筑了这个局面。然而，周边势力之反复无常，内外兼统所需要的资源之多和能量之大，使唐不足以长久维持这个局面，终以周边势力兴盛或再度崛起而破局。安禄山叛乱正是这一格局及其形势转变的标志。这就是我对这个问题的基本看法。

安禄山叛乱对局势产生的长远影响：前后有别

安禄山叛乱产生的影响，就唐朝而言，打破了朝廷整体性建构的布局，突出表现在长安朝廷对全国控制能力的陡然下降，尤集中在河朔藩镇的割据行为上。这虽是大家熟知的内容，但也是最本质的。与前期统一的架构相对照，后期中央控制力的下降给社会带来了一系列变化和后果。

首先是区域地位的分明与逐步实态化。前面我们曾讨论唐朝建国的基本步骤，即以关中为核心宰制山东，面向江南，进而构成王朝的整体布局。这本身就建立在区域化的基础上。一旦建立一统化的王朝，无论在哪方面，都要消除非均衡的状态，达到全国的上下统一。当朝廷的能力增强之时，区域化现象的削弱就愈加明显；反过来，当朝廷的控制减弱，首先表现出来的就是区域化的再现和区域自身的壮大。唐后期，区域化的主要表现就是节度使控制的地区逐渐增加，自身的独立倾向随之加强，这在河朔、中原等地都有突出的展现。黄巢率军造反，对唐廷的冲击前所未有，各地节镇势力进一步坐大。到了晚唐时期，连长安周边的节镇都纷纷拥兵自重了，他们"挟天子以令

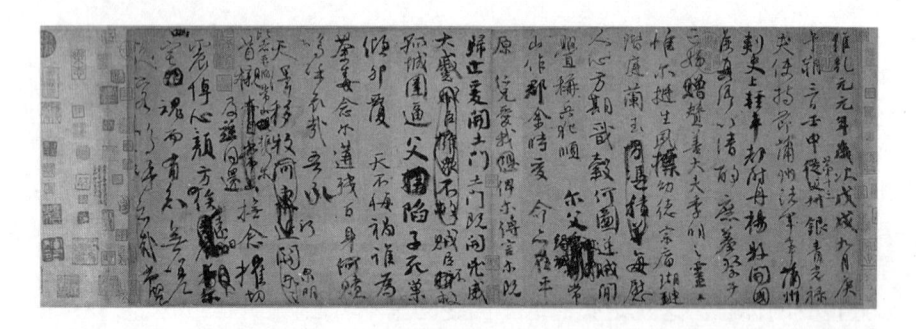

颜真卿《祭侄文稿》

诸侯"，不把朝廷和皇帝放在眼里，朝廷的权威丧失殆尽，一统化格局的景象不复存在。朝廷的合法性完全丧失了。

其次，唐后期，节度使遍布内外各处，他们都在巩固自身、各踞地盘以自保，与朝廷的关系若即若离，有的甚至公开叫板和对抗。外围边地则是各胡系部族势力与所在地区的节度使力量结合，或是这些边族首领充任节度使强化自己，于是逐渐形成了盘踞特定地区的胡汉联合势力。譬如契丹固守东北，党项于都城长安北部崛起自立，南诏据守云贵高原，回鹘西迁建立若干政权，沙陀占据代北强化自身并形成北方的强盛势力，等等。这些胡人武装崛起和壮大，正是朝廷控制力的下降为之提供了机缘。我们前面说过，唐朝建国本身就是融合胡汉势力并整合魏晋以来多民族、多部族势力进而统合为一的，然而，随着唐朝建国后形势的发展变化，胡汉关系也发生了新的变化，在那些旧有的胡汉差异消解的同时，新型的胡汉关系又萌生了。原本活跃在天山北麓的沙陀人就是再生势力的典型。他们因为忍受不了吐蕃的控制，便举族内迁，虽然在吐蕃军队的追击下损失惨重，但最终逃到了唐朝控制的地区，从长安北部的灵州转往代北，于唐末形势的复杂激荡中寻找自己的生存之路，以雄踞代北并参与王朝和地方的角逐而发展壮大。在唐朝被节度使朱温推翻之时，他们与各地节镇将领趁机独立建国，出现了大小王朝、政权各立的新局面。

　　这表明，在秦始皇建立中原一统化王朝之后，随着东汉的解体，汉系以外的其他民族势力向中原挺进参与王朝建构的新时代从此开始了。隋唐大一统成功之原因，就在于它们吸收和利用了胡汉的各种势力，将中原汉地农耕型的王朝扩展至包括草原游牧地区在内的南北兼具的二重组合的格局，成为复合型的国家。唐朝后期社会分化的事实告诉我们，这种复合型王朝的成形是一回事，如何维系并巩固则是另一回事。唐朝创立了这种类型的王朝，但它没有能力维系，重新整合再建一统化异质性（复合型）巨型王朝之使命，落在了蒙古贵族和满族贵族的肩上，元和清就是两个较唐朝更成功的典型。尤其是清朝，它不仅是尝试，也是古典时期以来这类王朝的归结和综合，并将其整合到新的层次。也就是在这时，西方势力东渐进入，并以民族国家的观念冲击中国，传统王朝的脚步戛然而止，中国随之步入民族国家的行列。

士庶群体的嬗变

文：李鸿宾

士是指大族、士族，庶是指平民百姓或一般的阶层。从魏晋南北朝到隋唐时期，士庶群体是社会的一个主要面相。

唐朝大族的兴衰：士庶力量的消长

正如前面讲到的那样，中古时代，中国的社会势力主要表现为大族与庶族之间的分隔与互动。大族、庶族阶层是组成国家社会的重要群体，但决定他们社会地位的指标则是政治活动。这些阶层在唐朝社会的兴衰起伏，无不与政治权力的角逐密切相关。事实上，唐朝建国，本身就是通过贵族集团采取政治性的行动促成的。

与杨隋一样，李唐王朝的统治集团亦源于西魏宇文泰创建的"关陇集团"，至少很多人认为如此。当初宇文泰为抗衡对手东魏，联络关陇地区的各路豪强，不问出身和来源，只要能够秉持拥戴宇文泰本人、振兴西魏的宗旨，就一概欢迎。西魏—北周依托于此与东魏—北齐进行较量，终于剪灭对手，统一了黄河流域，关陇集团亦随之坐大。这个集团吸收了众多的胡汉成员，兼容东西南北，具有很强的开拓能力。李唐立国后，由这些成员主掌政权，从关中伸向东方，拓往江南，超越关中、覆盖全国的治理由此展开。然而，形势的变化需要统治集团吸纳人才的能力进一步加强，范围进一步扩大，于是中原旧有的士族参与朝廷内外的决策就成为必然之势了。所谓关陇军功勋贵与旧族势力的结合，成为治理巨型国家的基础，这样的局面隋朝曾有初步的尝试，但全面而有效的实践，还有待唐朝。

然而，事情还不止于这一步。学界常年争议且今日仍有讨论的问题之一，就是武则天上台导致的统治集团的东西更替，特别是山东势力取代关陇贵族的趋势，表明即使是北族勋贵联合中原旧族进行统治，这样的格局仍然满足不了形势的变化。

这意味着，魏晋南北朝时代支配着国家政治与社会的大族势力，到了一统化巨型王朝的时代，其自身封闭的局限与国家治理所需要的开阔和兼纳的矛盾开始凸显，甚至剧烈起来。于是，如何吸纳更多的治理人才，便成为解决这一问题的关键。武则天代表的低于贵族势力的"山东集团"的出现，正是这种形势转变的需要；他们的崛起恰恰又与科举考试这种选拔统治后备人才的形式结合在一起，更反映了发展的趋向。

在具体的情节中，人们更关注武则天怎样从太宗的后宫转向高宗的内廷；高宗怎样废黜王皇后、贬谪长孙无忌和褚遂良等关陇老臣，开拓政治新局面；武则天怎样从后宫走向前朝"垂帘听政"，又怎样趁机建立武周政权取代李唐；李唐旧臣又如何为恢复唐朝而斗争，直到玄宗即位，重新梳理乱局走向大治等一系列活动。这些鲜活生动的宫廷内斗和外廷政争，固然足以吸引人们的眼球，但它们所揭示的政治转轨并带动的社会转型更值得关注。在这里，我们欲与读者分享的恰恰就是这些表层现象背后隐藏的东西。

长孙无忌像

唐朝后期政治的走势：社会阶层的分化与转向

那么，安史之乱以后，唐朝社会阶层的变化如何呢？

正如前面讲到的，安史之乱打破了唐朝统治一体化的整体局面，对唐朝社会阶层的新旧替代造成了深刻的影响。如果说前期的王朝与社会上下，无论是军功勋贵还是传统旧族，通过担任中央、地方两层官职控制政权，影响社会，那么武则天政治势力的崛起则反映了山东庶族企图参与王朝的政治运作，进而扩展了王朝的统治基础。安禄山叛乱则对当时社会力量的重新组合产生了很大的刺激和影响，具体表现在：

第一，随着朝廷与叛军的妥协，叛乱结束之后，长安、洛阳两京所在的内地和周边到处都设置了节度使，最盛的时候多达40多个。这些节度使所拥有的军队，其成员种类混杂、胡汉兼具，若与大族、旧族相比，他们的社会地位明显偏低，多系基层或所谓的"下层"人员。他们驻扎在某一地区并依附于将领，将士之间形成了密切关系，所谓同生死，共患难。另外，他们长期驻守当地，与所在地区的民众也融为一体，形成了地域化或区域化盘根错节的社会关系。这是唐朝后期社会变化中的一个突出现象。中外学者总结出节度使有若干类型，譬如与朝廷抗衡的、供应长安和洛阳粮草的、保卫都城的、协调各地关系的等等。学者划分的标准依托节镇与朝廷的关系，多是从国家政治结构的角度着眼。换个角度看，无论怎样划分，都说明节度使已经与特定的地区结合在一起了，这再次证明区域化或本土化是唐朝后期社会发展分途的标志。怎么分途呢？就是人群的分化。节镇的将士与所在地区的密切结合，既填补了大族撤离地方社会所造成的层位空缺，也弥补了大族消亡所导致的社会势力及其影响力的空缺。

第二，与此相伴的另一种现象，是前期活跃的高门大族（无论是胡汉军功贵族，还是山东旧族及其后人）经过朝野内外的政治斗争和军事征伐的反复较量，逐渐被山东庶族、科举晋身势力所替代并融结为新的权贵，他们在唐朝后期的朝野内外角逐分合，成为朝廷政治的支配力量。所谓后期社会的主要势力，就是指他们。若要再细分的话，至少有文臣世家、吏干权贵和宦官亲宠等几股势力活跃在两京内外，并影响朝廷的政治走向。当然，这几股势力的人数多寡悬殊，这里主要就他们的影响力而言。

肃宗以后，在朝廷发挥重要作用的官员中，由科举晋身的新型世族，譬如牛李党争中类似李德裕那样具有影响力的社会高门，至少占据了重要位置。他们是此前大族势力的替代，以职位的沿承主导宫廷

张大千《李德裕见客图》

政治，这是公元8世纪中叶之后社会阶层发生转变的一个标志。这类官员所代表的社会势力与后期的唐朝相始终，虽然学者们对此有不同的看法，但朱温等藩镇节度使大规模的屠杀和清除是他们削弱的重要原因。

与他们对应的类似五代冯道那类社会地位虽然不高，但掌握重权的吏干式的权贵势力，在晚唐五代纷乱的政局中纵横捭阖、左右逢源，具有极大的影响力。至于大家熟悉的宦官势力，人数虽然有限，却能通过控制皇权参与政治。与此前不同的是，参与朝廷政治运作的宦官势力，在唐朝后期已经出现了制度化的发展倾向，越出了"干政"的界限而成为国家行政体系的组成部分。然而，随着唐末的大规模屠杀，这种现象也昙花一现，随着唐朝的灭亡而结束了。

第三，唐末五代变化无常的社会阶层，其后来的结局如何呢？我从两个角度来讨论。

一是唐后期以来，随着地域化现象的加强，周边地区的民族和部族势力再度崛起，并与特定地区的社会联系在一起，形成了区域化的民族势力，这与内地节度使军队本土化有异曲同工之妙。典型的案例

是活跃在河北道北部的契丹人，到10世纪初，他们已经发展壮大，形成了兼跨草原和华北耕地的二元制王朝；长安西北的党项人亦占据其地，建立了西夏政权；回鹘西迁后建立的政权亦落居河西走廊西部和天山南北，与当地社会结合而成为新兴的王朝；东迁的沙陀势力与代北诸族融合，最终演变为后唐王朝。它们与中原、江南各政权都在唐朝灭亡之后（回鹘诸国除外）立国，基础则是特定地域化社会的抟成和凝结。这种局面成为"轴心时代"之后东亚社会的普遍现象，与此前的一统化格局形成了鲜明的对比。

壁画中的西夏党项人

二是唐宋转替之时，能够支配主体政治和影响主流社会的那些曾经的大族，被科举晋身势力所替代并融结，到北宋建国后，以科举晋身为主的官僚贵族开始被擢升并占据社会主导地位。新旧势力的转变至此结束，旧族门阀的时代已成过往。新兴的由科举晋身的官僚贵族或士大夫成为主导宋朝政治与支配社会的力量，除了参与朝廷的政治之外，他们之中更多的人选择了立足地方、弘扬乡土的道路，以道统承继者的形象凝聚民众共建乡村社会。这些士人或士大夫成为两宋时期地方社会的主宰力量，具有广泛的影响力。元、明、清地方社会相继沿承，形成了与前期大族势力垄断乡土中国迥然有别的场面。

制度化建设与专业性治理

文：李鸿宾

人们常说唐朝是中国古代王朝国家制度建设的典范，日本史学界将它称为"律令制国家"。就制度的建置、实施，对社会发挥的作用和产生的影响而言，的确很少有其他王朝能够超越唐朝。为什么呢？我这里主要谈两个问题：第一，先谈唐朝制度建设的主要内容；第二，再谈为什么会有这套典型的制度建设。

唐朝的制度建设：一统化王朝运作的保障

唐朝制度建设的主要内容有以下几点：

第一，中央和地方职官制度。职官制度是王朝政治的集中体现。古代中国本质上是政治决定一切的王朝国家，职官制度不仅是支配国家运作的核心，也是我们据以了解国家结构和性质的关键，以至于历史学家邓广铭先生将它视为研究中国古代史的"四把钥匙"之一。唐朝的职官体系由中央和地方两个层级组成。中央以中书、门下、尚书三省构成宰相机构，尚书下辖六部和九寺五监，是具体的行政部门（包括监察），负责全国的行政运作。地方设置州（郡）县两个层级的行政机构管理社会。中期以后，随着社会形势的变化，这些行之有效的中央和地方官制，其疏漏之处和弱点也相继暴露，跟不上形势的发展变化，"使职差遣"现象开始增多，其目的就是处理一些原有制度没有办法应对的事务，说白了就是"救急"，但久而久之就常规化或制度化了。地方上，节度使势力兴起，其控制的范围超过州郡，有向三级制转变的趋势，虽然未形成定制，但二级制被打破已确定无疑了。

第二，科举考试。官吏的选拔向来被看作职官制度建设的重要内容而为朝廷所重视。汉朝的察举、魏晋的九品中正制，这些都是朝廷将社会选拔的人才纳入国家管理体制的重要举措。唐朝继承隋朝，将科举考试建设予以强化，更将选拔人才作为国家建设的重要手段。此后，科举考试作为朝廷吸纳精英人才的重要办法运行不替，并与王朝的命运相始终。这套选拔机制被视为中国古代行政模式的突出特点而被西方称道。当然，它内含的弊端在历朝历

唐朝彩绘高级文吏俑

代都有所体现，比如清人吴敬梓在《儒林外史》中描述的考生范进的形象就十分典型，这种考试催生出的青年（甚至中年）学人"四体不勤，五谷不分"，其"半残废"形象的确贻害无穷，令人扼腕。吴敬梓的揭露辛辣而深刻。

第三，土地和赋役制度。唐朝前期的土地制度是均田制，赋役制度是租庸调制。这是北魏土地制度的延续和发展。对以农业立国的王朝而言，依托土地的税收是国家财政的支撑，说它是王朝运作的经济基础毫不为过，因此受到历朝历代政府的关注。政府实行均田制的动机，就是将土地的分配权掌握在自己手里，以便将土地分配给农人，增加税收。魏晋以来，大族势力雄厚，多占土地和私附田客与国家争利，一度出现族大势众、王权削弱的现象。北魏国家力量雄盛，君权强大，政府有能力将土地收归国有予以再分配，以增加税赋。唐朝采取均田制和租庸调制，也是国家力量强大的表现。这些制度的颁布，对朝廷财富的增加作用十分明显，我们虽然看不到非常具体的税收账目，但前期朝廷兴师动众、大张旗鼓地上下运作，需要财政收支的稳定保证，如果收入不足以支撑需求，大规模的活动也就不能持续地展开。一句话，国家动作的大小和多少，取决于财政负担的多少。

唐代庸调银饼

中期以后，均田、租庸调制度不合时宜，朝廷便实行两税法以代替，同时增加盐铁、农副产品、手工业、商业和其他经济作物的税赋，但后期内外一系列的举动，尤其是军费的膨胀，使国家财政常常捉襟见肘，不敷应对。黄巢起兵造成举国性的震荡，朝廷经济支撑持续下降，伴随统治能力的丧失，覆国之日便为期不远了。

第四，军事制度。作为一统化的王朝，加强统治能力的直接基础是雄厚的军事实力。唐朝的军事实力在古代王朝中应该是比较强大的，前期的军队建置大体分为中央禁军系统、全国范围的府兵体系和边镇驻军三个部分。禁军驻守都城保卫京畿重地，其重要性无须赘言。唐太宗发动"玄武门之变"，动用的就是禁军的一部分力量。陈寅恪的《唐代政治史述论稿》中有专门的篇章分析禁军中的北军在宫廷政治中所起的作用，其原因就在于北军直接掌管玄武门，其地位之重超过南军，控制了玄武门就等于控制了皇帝。唐朝自太宗夺嫡到玄宗之间一系列的宫廷斗争，无不由此展开。数量极大的府兵是王朝的中心支柱，但府兵的任务更多的是驻扎内外各地兼巡守，旨在维护社会安定。边防军规模较小，但其防边职能更加突出。

高宗、武则天之后，随着周边形势的变化，唐朝设置节度使并吸纳了府兵、边兵和行军要素，长期驻守在特定地区，职权范围扩大，力量雄强，形成了以保护两京为中心的防边体系。中央禁军则变来变去，最终神策军一支独大，又被宦官控制，成为他们参与朝政的依凭。节度使势力的扩张导致朝廷控制力的丧失，王朝最终亡于节度使之手。

第五，律令格式。流传至今的唐人编纂的《唐律疏议》成为中国古代法律制度完善的标志，这已为人所熟知。唐朝的法律有律、令、格、式四种，包括国家颁布的正式法规，以及皇帝随时下达的法令。

这些条文，有些是前后沿承的，有些是因时而定的，所以唐朝的律令格式是中心主旨恒定而条目随时变动。整体而言，唐朝的明文法重在强调维系王朝和君主的统治，保障国家的运作。但就以惩罚为手段的法律而言，它背后体现的是以儒家理念为宗旨的礼仪规范。内礼外法或礼法合一，是唐朝社会行为规范的两个基本原则，单纯就法论法，还不能理解唐朝社会体制的关键，这是要特别说明的。这套律令格式既是前朝法律体系的集成，又对后世产生了重要影响，说它承前启后，毫不为过。

唐律残片

唐后期新旧体制的交替：形势的变化与制度的变迁

为什么会有这套典型的制度建设呢？这是由唐朝一统化王朝的整体建设思路决定的。隋朝结束了此前数百年的分化局面，国家扩大到前所未有的程度，需要统合、凝结为一体，应采取什么办法呢？有强人的能力，有人群关系的调整，也有运筹帷幄的决策和果敢的精神，但这些都是因人而异的，甚至变化无常，制度的建设和规范才是政权建构与运作的基本保障，这也是秦汉一统化国家建设积累的经验。隋朝实践了不久即宣告垮台，这是隋炀帝肆意妄为的结果。一心吸取其经验和教训的唐高祖、唐太宗统治集团十分重视制度的建设，在这方面他们所做的不可谓不谨慎。换句话说，一个巨型王朝要正常运转、长久维系且有效率，没有制度的保障是无法想象的。历朝历代对制度建设都非常重视，下大力气制定和颁布制度，唐朝是其中的佼佼者，堪称典范。

制度的完整、齐备对唐朝国家和社会的运作，尤其是促使唐朝走向强盛的局面有重要作用。我们在前面讲到唐朝崛起于东亚，与其他帝国王朝构成"轴心时代"的主旋律，除了有种种条件的支持外，制度的健全及其产生的效能是不可忽略的因素。然而，唐朝与周边各民族政治势力关系的变动，及其引发的朝廷和社会的内外形势的变化，使得制度也需要做出调整，以适应新的形势。有的制度不合时宜，可能就要被废黜。如上面提到的中央和地方官制的打破、均田制的瓦解与租庸调制的废弃等，几乎所有层面的制度都面临着调整、变更的命运。中期以后，使职差遣官的出现、两税法的颁布与商税的扩增、神策军势力的坐大与宦官势力的兴起等，这些体制之外的临时性征派和差遣的举措，一跃而成为新的体系并实态化了。这表明，制度变更的本质，是它与形势遽变的契合。唐后期诸种体制新旧的转换和替代，不仅因应了那个时代千变万化的社会局面，也参与塑造了那个局面并影响了以后的历朝历代。比如科举制，它在宋朝选拔体系中产生的影响远远超过唐朝。宋人经过科举选拔，除了递补朝廷官职成为国家行政人员之外，更多的士人以饱读经书、创建门派的气度扎根于乡土，成为支配乡村社会的重要力量。这些乡绅型的士大夫，亦成为中国古代后期民间社会发展的引路人。

国家衍变与族群活动

文：李鸿宾

唐朝前期的族群活动：融合与消解

如上所述，无论是其兼跨南北而居处在"轴心时代"的核心地位，还是其制度的健全与完善，唐朝所呈现的面貌和具有的影响力，最终是由支配这一政治体的人群的活动决定的。国家是人群活动的载体，我们理解唐朝及其展现的诸多面貌，最核心的一点是人群的活动。而人群的属性并不单一，彼此之间差异明显，有的相近，有的隔膜，人群的分合会导致国家政治体的分合。因此，唐朝的特性就是"同一化"的人群与"差异化"的人群之间的互动。唐朝的建国与解体及其后续诸多政权的并立，背后隐藏的就是这些"差异性"人群的分合与博弈。在这一节里，我还是从前后两个时期谈起。

整体而言，唐朝前期的人群活动主要表现在魏晋以来周边胡系民族势力进入中原，通过建立政权的方式与汉人展开频繁的交往，由此出现众多的"异质性"族群相互碰撞、相互交往的活动。用"联系""碰撞""冲突""同化""涵化""融合"这类包括民族学、人类学在内的分析人群关系的词语解释唐朝人群的关系，更加贴切和精准。唐前期，整体方向是人群之间的关系日益密切，走向交融，达到新的整合。这些应当是表述前期所谓"民族关系"的比较确切的词语。最明显的例子就是魏晋以来的匈奴、鲜卑、羯、氐、羌，即所谓的"五胡"，他们此前建立政权于中原内外，争衡互斗。通过政权的彼此消长，再经过唐一统化王朝的纳入与调整，许多胡系民族势力逐渐融入中原的政治文化之中。到了这个时期，有些标志着胡系势力的专有名称不再见于文献史籍，就是一个突出的证明。具体的例子，我列举一二如下。

一是人们熟知的李唐宗室。高祖李渊之母独孤氏、太宗李世民之母窦氏（即纥豆陵氏）、高宗李治之母长孙氏，都是胡系的鲜卑人，他们本人就是"胡汉"融合的后代，这在那个时代稀松平常。前面曾讲到西魏的实际掌权者宇文泰纠集的"关陇集团"就是胡汉人群融结的突出例子，出身于此的李唐统治集团的胡系属性之突出，正是北朝以来传统的延续。随着北魏政权的建立，尤其是南下定都洛阳之后，胡汉结合成为趋势，人们熟知的北魏孝文帝汉化改革，便是集中的展现。姚薇元先生的《北朝胡姓考》一书，专门述及那些汉化了的姓氏的北方胡系之渊源。假如没有类似的精细考证，很多汉姓背后隐藏的胡系族源可能就湮没无闻了。

二是贺拔亮家族。这是我前几年专门研究的成果。通过西安大唐西市博物馆收藏的墓志，结合传世文献，我发现这一家族最早是活跃在草原的高车人，从大兴安岭南下的鲜卑拓跋势力西进蒙古高原纵深之地后，他们便与之联系而衍化成拓跋人，再随北魏南下中原，又转变成汉人的勋贵高门。这种自北南下，由草原的游牧生活转向中原的农耕生活，其族属与文化跟着发生转变的族群，不止贺拔亮家族一个，用以描述多数南下北人的境况，应该毫不为过。这些人群族属与文化转型的方向之所以奔着中原的汉地与汉人，是因为后者的强势

《北朝胡姓考》封面，姚薇元著，中华书局1962年版

与主导的环境使然。这些南下的胡系群体和个人，他们在中原汉人的

贺拔亮墓志铭，西安大唐西市博物馆收藏

汪洋大海中如果不做适当的调整加以应对，就很可能面临着生存的困境。在一个主流、支流文化不对称的社会里，处于少数甚至个体家族的人群，改变自身的属性因应主体社会与文化的环境，可能是他们的生存之道。这至少是贺拔亮家族这一事例给予我们的突出印象。

唐朝后期新的民族势力的出现：族群活动的地区化趋向

我们说唐朝前期是整合魏晋南北朝胡汉（民族）关系，并将其融结为一个王朝统辖内的多族群共同体。这是就整体状况或主流的动向而言的，实际的情况则要复杂得多，彼此消长，并非一帆风顺。如前面提到的东突厥降户，无论唐廷想出什么办法予以妥善的安置，这些降户都没有完全按照唐朝政府的意愿变成"编户齐民"，他们在高宗当政的后期便在首领的鼓动下起兵反叛而复国了。另一个突出的例子是"六胡州"的粟特人。他们大概于贞观四年（公元630年）唐朝征服东突厥前后，自草原南下而来，被唐廷安置在所谓的"六胡州"，大体在今河套南部靠近宁夏东北一带。这些粟特人及其后裔虽然处在唐朝地方政府的统理下，但文献和零散的墓志告诉我们，他们时常出现变故或者动荡，安禄山起兵造反之时，还专门派人到那里联系他们，以对抗朝廷。安禄山为什么联系他们呢？因为安禄山与他们族属相近，文化风习乃至志趣相投。六胡州有不少人加入叛军，当然也有很多人跟随政府征讨叛军，还有北上进入草原突厥政权的，更多的人可能向东进入河朔藩镇，尤其是魏博镇。这些情况经过中外学人的持续研究，具体情节逐渐清晰。不论他们选择什么道路，走向如何，这些人寡势弱的粟特后裔最终消解于中原内外的命运似乎不可避免。在唐后期政治动荡、社会支离破碎的环境中,他们求得自保或另找靠山的种种举动,都是为了应对变化无常的周围环境。他们不同的命运以及分割的状态,生动地展现出族群之间的分合与互动所构筑的历史相貌。

如前所述,唐后期的政治与社会处于剧烈的变动中。促发这些变动的因素还是人群,是"差异性"的人群或族群之间的关系,只不过这些关系是以王朝的运作方式呈现出来。人们对唐朝后期各方面的变化给予极大的关注,这为我们再做解释提供了新的空间。我这里要说的核心观点是:正是这些人群的分合才导致国家与社会的变迁。后期周边民族势力的相继崛起,或旧有族群势力的复兴,构成了8—12世纪即蒙元王朝崛起之前欧亚大陆东部地带,或者说东亚世界格局变化的突出景象。正如东汉解体之后中原周边各民族、部族势力走向政权的建设而兴起那样,整个东亚形成了大小不等、文化各异的王朝钩织的网络。8世纪中叶以后的东亚,随着唐朝控制力的下降,同样开始了周边乃至远域众多民族势力的崛兴,它们又因唐朝的解体而走向了国家政权的建设之路。促使这些势力走向政治体的动力,根据学界的新近研究,除了其自身内存的要素之外,中原王朝建国的成熟经验和典范的带动,具有更大的引导作用。换句话说,

翟郍宁昏母康波蜜提墓志砖,这是西域人用汉字书写的墓志,是中原王朝用"文明"熏陶"野蛮"的例证

周边民族势力的"觉醒"和自立诉求的萌生与迸发，正是在中原王朝从腹地向周边用"文明"熏陶"野蛮"的开拓进程中实现的。

历史就是这样吊诡：中原的"文明"熏陶或替代周边"野蛮"的道德至上的行为，无时无刻不在激发周边民族聚集自己的势力走向更加成熟的政治体组织，以做应对。相互的较劲、彼此的博弈，将中原与周边势力纠结在一起，成为王朝国家建构的必要组合。然而，一旦王朝统合能力下降或者消失，周边的势力再做调整，诉诸权力组建政府，就成为他们的追求了。内藤湖南"唐宋变革论"的意义就在于，虽然他只提出了模糊的轮廓，却触及了那个时代变动的脉搏。从唐朝后期长安朝廷威信的下降开始，到唐朝灭亡，再经过五代十国的变乱，直至辽、宋、西夏与回鹘诸政权的建立，这三四百年社会变动的趋势，呈现的是一个曾经大一统的王朝如何艰难波折地衍变成诸多政权，最终化解为若干较有实力的王朝分割自立的局面。由"合"走向"分"，是这段历史的外在面貌中一条十分明显的刻痕。过去人们常用"合久必分，分久必合"或王朝之间的轮替予以解释，这固然不乏理据，然而如上文所说，这一现象背后的决定因素是人群关系的处理和调整。唐朝整合此前的胡汉关系并臻于完善之际，也是再起的民族势力与中原汉人的关系重新博弈之时。受唐朝典范的震撼和呼唤，周边民族势力的自我觉醒和对权力的追求，随着唐廷的弱化而开始，并以唐朝的灭亡而立足。唐后期中原周围的渤海国、契丹部落联盟、草原势力的重新集结、回鹘诸王国的再建构、吐蕃王朝瓦解后诸部落的再凝聚和南诏国的演替，随着中原内地五代十国的相互角逐，最终衍化成辽、宋、西夏支配的新格局，展现的是特定族群势力与特定地区的统合所形成的区域化王朝的网络格局。

我们不敢说"异质性"民族势力是导致一统化破局的决定性力

量，但这段历史呈现的的确是民族与区域结合的趋势。宋以后以汉人为主体建立的王朝未能再度突破传统农耕地带的事实也似乎表明，中华帝国南北东西兼统的跨越式王朝再建的重任，转而承载于蒙古与满洲贵族集团之肩。正是中原之外的民族势力的介入，唐朝的一统甚至超越它的王朝架构才得以延续。这前后的历史衍化都在证明这样的事实：以中原为中心建立的王朝，胡汉人群借助政治体架构展开的渗透刺激、相互借鉴和彼此促进，构成了东亚近代以前历史格局的中心内容。我们讲述的这段历史，既是前期胡汉抟成的王朝的总结，也是后期胡汉新型关系以政权建设为扭结的开端。

唐朝的解体与法统的延续

文：李鸿宾

唐朝的解体：诸政权的建立

公元907年，当军人将领朱温宣布自己成为新皇帝的时候，唐朝就宣告灭亡了。唐朝走过了289个年头，曾经支配东亚的政治格局，凭借儒家伦常和以等级秩序为核心的文化影响周边各地而形成了特定的文化圈，与欧亚非大陆其他王朝共同构筑了继古典世界之后的新"轴心时代"的主轴。公元755年遭安史之乱打击后，唐廷

后梁开国皇帝朱温像

的威信瞬间扫地，王朝的整体结构又在节度使遍布扩权，朝廷为挽救颓势仓促、忙乱地应对，由此引发的对抗、博弈中被搞得支离破碎，曾经一度气势恢宏的景象不复存在。公元907年的篡权表明这个衰相王朝的正式告结。

作为政治体的唐朝不复存在了，它的形象也如烈火焚物，灰飞烟灭了吗？或者如秦、隋那样遭逢后人的诟病或痛骂吗？这两种情况都没有出现。相反，唐朝"百足之虫，死而不僵"，它虽然灭亡，其形象却留存于后世，至少五代、辽、宋诸朝都有秉承其法统和文化理念立足于世的意愿。我在这一节主要从两个角度谈论这个问题。

第一是政治体的法统沿承。

当朱温宣告建立后梁王朝的时候，那些从唐后期就盘踞各地经营自己势力的节度使再也不顾及唐朝将臣的颜面，纷纷就地自立，称王称霸起来。代北的沙陀势力在李克用之子李存勖的带领下与朱梁抗衡。李存勖打着复兴大唐王朝的旗号，与朱梁反复较量，最终取而代之建立唐朝。为了与前者区别，这个唐朝便被称为"后唐"。原本是沙陀人的李存勖建立政权之后，一切措施均仿照唐朝的模样，企图再现盛世。李存勖的目标很明确：这个旗号足以证明朱梁之伪逆和自身合法地位之确立。

他刻意强化唐朝的法统，与沙陀人的异质属性密切相关。他们最早生活在天山北麓，属于西突厥别部。吐蕃进军西域后，控制了包括沙陀在内的众多族群。沙

明人绘李存勖像

陀人不满吐蕃的控制，其首领率领族人在吐蕃的追杀下，不远数千里向东逃往唐朝，先是被安置在朔方军属下，后又迁往代北，自此安居其地。黄巢造反之时，他们响应朝廷的号召，参与镇压，表现英勇，受到朝廷的重视，其首领被赐予国姓，改名李国昌、李克用，这父子两人遂成为晚唐有影响力的节度使。李存勖打着唐朝的旗号建立政权，正是看准了这个法统的效力，才不遗余力地宣扬和壮大。唐朝的余绪至少在后唐的兴起中得以沿承。

与后唐对应的是南方九国之一的南唐，它同样秉承唐朝之法统和文化，立国于江淮富饶之地，成为与北方各国并峙的具有实力的强国。契丹人建立的辽朝与中原汉地这些小国不同的是其统治集团的胡人构成，他们原来分明是唐朝东北边缘地带的所谓"蕃人"。辽朝南北两面官制的胡汉分治体系，不但有别于中原内地各国，也与胡汉融

契丹画家胡瓌《出猎图》，描绘了契丹人外出打猎的情景

结为一体的唐朝相去甚远，但就是这样的胡人政权，也分明张扬唐朝的文化血脉，为寻求自身的合法性而正本溯源。

唐朝的意象：法统意识的遗存与观念的维系

如此看来，灭亡了的唐朝在后继者——不论是亲自推翻它的朝代，还是承继它的那些政权——眼中，其形象依然屹立不倒，与秦、隋的命运形成了鲜明的对比。这一点跟两汉有的一比。王莽当政末年，反抗势力打的旗号就是恢复汉家世界。东汉亡国之后，还有刘备之流秉承其传统彰显自己。前朝旗号的"灵验"与否，取决于人们对这个朝代的施政策略的评价，如果太过负面，这个旗号就会被甩掉，另起炉灶，若有那不长眼的抱住佛脚不松手，厄运就会接踵而至。如果前朝的威望仍在，法统不坠，接替者为何不大张旗鼓地宣扬，以壮大自身的声威呢？唐朝就是这样，大树虽倒，但旗号不衰，原因就在这里。这就是我要讲的第二点，即观念与文化的沿承。

中国古人对历史的议论或评判，通常集中在著名的政治人物和重要的王朝两个方面。前者离不开尧、舜、禹、商汤、文武、周公、管仲，或者唐太宗、康熙等，他们身上集中展现了理想帝王文韬武略皆备的治国才干和宽济待人的精神品格，后人除了褒赞他们的行为和思想之外，也将自身的理念寄托在他们身上，更多的是抒发个人的感悟而已。对王朝的评价，前有汉唐，后有宋元明清。作为中华帝国的形象彰显于世的王朝，汉、唐几无异议；后世的宋、明二朝局促于汉地，很难有大的作为；即使是备受称颂的大清王朝，在西方强国东渐的对比面前，也成为颟顸无知的滞后老大，不足以抗衡汉、唐的气象。如此说来，继汉之后的唐朝虽然从鼎盛走向了衰败，但总让人有"瘦死的骆驼比马大"的感觉，直到今日仍"言必称汉唐"。那么，唐朝的精神遗产对后世的影响到底表现在什么地方呢？

我用"大一统"这个词来表述，或许是对关键的把握。远的不说，自从秦始皇剪除东方六国建立一统化的王朝以来，大一统就成为后世那些胸有宏图的建国者追求的目标。刘邦击败项羽后建立了西汉，一心一意地吸取秦朝灭亡的教训，但在构建王朝的整体框架、采取经营国家的主要手段以维持一统化的格局方面，则沿承秦朝而继续推进。到了汉武帝掌权后，又超越了秦朝。即使是在纷乱的魏晋南北朝，也有后赵石勒、前秦苻坚乃至北魏诸帝那类君主南下长江、一统天下的喧嚣和叫喊，苻坚曾一度兴兵南下以行动兑现承诺，无奈军心涣散，实力不济，心有余而力不足。五代十国的纷争割据最终因北宋的建国而结束，只不过契丹人的辽朝雄踞在前，党项人的西夏挺进在后，挡住了北宋的去路。北宋也试图通过武力征服这两个边外的对手，终究铩羽而归。诸如此类的行动和举措，都反复告诉我们这样的道理：东方社会的政权组织，自古以来就有集权建构的传统，这与雅典、斯巴达时代希腊的城邦国家及此后的欧洲中世纪王国、公国并存的局面形成了鲜明的对比。欧洲历史上不乏罗马帝国巨型王朝的统治，也有后来神圣罗马帝国、拿破仑帝国、奥匈帝国的兴盛，但那些集权性一体化王朝的建构只是欧洲政治体建设中的一个面相，而非全部。与其对照，亚洲大陆政治体的建设几乎清一色是集权性的王朝国家，中国在这方面尤为突出，自秦至清前后相继，中间若有断层，也会由新生的势力加以填补。

中西的政权建设为什么会走向不同的发展道路呢？这是一个耐人寻味也促使人们不断思考的问题，并非几句话就能概括的。我在这里只是提出一点想法，即国家建设道路的选择与它所处的地理环境有直接的关系，但这种关系无论如何密切，都是通过人群的活动展现出来的。东方农耕地域人群的活动与周边游牧、半农半牧地区人群的活动彼此交织而相互渗透，互动中有博弈，冲撞中有融合，最终是以凝结而非分割的形式抟成为一个一统化的政治体。这至少是我目前能够找到的有一定解释力的说法。这个问题还可以继续深入，我在这里只是点题而已，希望大家再思考，力求获得一个比较理性的、完善的、有说服力的解释。

两税法和宫市：了解唐代经济的两条途径

文：廖靖靖

赋役制度之大变局：两税法的出现与影响

唐代历时近300年，其巨大魅力表现在政治、经济、文化、社会的各个方面。盛世之"盛"，最主要的内容就是经济的高速发展。杜甫的《忆昔》诗回忆了开元盛世时期唐朝经济发展繁荣的情况："忆昔开元全盛日，小邑犹藏万家室。稻米流脂粟米白，公私仓廪俱丰实。"说的就是在开元之治的时候，不管是大家还是小户，家里都仓廪充盈。从经济史的角度来看，唐朝是中国古代赋税制度和经济中心发生变化的关键时期。唐初继承隋制，继续施行均田令，并颁布租庸调制度。

安史之乱后，朝野剧变，户口逃逸，民不聊生，土地兼并之风盛行，社会矛盾日益尖锐。两税法应时而出，从征税依据上进行革新。许多历史课本对两税法本身并没有清晰的讲述，对其影响一概而论，只提意义和地位，把理论束之高阁。

两税法究竟是哪两税？其依据是什么？与之前的税法有怎样的差别？这是我们需要阐释的问题。只有对制度做到心中有数，才能进一步把握唐代经济的发展状况，这也是从唐史发烧友到唐史专业学生的分水岭。

首先谈谈"两税法"这个名词。唐德宗建中元年（公元780年），宰相杨炎建议颁行新的税法。过去有人认为两税法得名是由于它包括了户税和地税，这种认识不对。因为在唐代，只要是一年两度征收的，都可以叫"两税"。杨炎提出的税收制度，户税是分夏秋两次征收的，地税也是分夏秋两次征收，因此得名。

那么，所谓"一年两征""夏秋两税"，户税和地税是否同时征收呢？史料记载"夏税六月内纳毕，秋税十一月内纳毕"。旧历的六月和十一月分别是夏收和秋收之后，户税和地税同时收取。但是，这条规定并非铁板，存在弹性，对各州府有一定的征纳期限，可以根据当地的实际情况做出具体安排。

2015年印花税票《中国古代税收思想家》杨炎

进一步追问，两税法有怎样的额度？在此之前，税额一直是全国固定的。两税法的情况是否一致？我们来看陆贽论两税之弊端："每州各取大历中一年科率钱谷数最多者，便为两税定额。"就是说，以大历时各州府征收的户税、地税最高额作为当州府户、地税的固定总额，然后把这户税总额按当州府的户数、户等分摊到每户头上，把地税总额按当州府的垦田亩数分摊到每亩垦田上，这完全是一种摊配性质的税制。后来因为农田荒芜，地税摊派不均，又进行重摊。黄永年先生等认为，正因为是摊派，所以两税法之下并没有全国统一的税额。

再进一步，我们进入两税法的核心，根据什么来确定征收户税的等级？《册府元龟》中说到"察以资财"。这里的"资财"具体是什么呢？唐史专家王仲荦先生指出："在封建社会里，土地是主要生产资料，是重要的财产，如果定户等而不把土地当作财富统计在内，那成什么话说？"这一观点在吐鲁番文书中得到印证，户等就是以拥有土地的数量和质量为依据的。自此改变了过去以人丁为主要依据的赋税方法。它的好处是什么？这就涉及两税法制定的社会背景及原因。当时中央面临的一大难题就是土地兼并，农民逃亡。换而言之，农民都逃亡了，谁来承担以法定成年男子数量为依据的赋税和徭役？

那么，如此有创新意义的两税法是否减轻了百姓的负担，提高了普通人民的幸福指数呢？这一问题过去很少被直接回答。没有明确答案的原因，很大程度上在于两税法没有定额，很难和之前的租庸调制度做对比。但是，从制度的制定和实施上，我们可以推究出一些线索。两税法在一定程度上是将原先征收的租庸调总额分别附加进户税和地税中，而且其额度是参考大历年间征收数额最高的情况来定的，摊到个人身上的剥削只会加重，不会减轻。再从实施情况来看，到唐代中晚期，藩镇州县往往私自非法收取赋税，打破中央规定额度，扩充地方财政。这一问题与唐代三条主线之一的藩镇割据密切相关。如此一来，百姓被超额榨取，负担更重。我们讨论经济制度，必须采用动态变化的视角。这一时期，两税法已经显现出弊端，正如唐王朝的暮年之态，人民的负担不但没有减轻，反而加重了。还需要注意的是，两税法施行之时，租庸调制度并没有一刀切地废止。大家以往对这一问题并不关注，仿佛视野的盲点，一掠而过。梳理史料可以看到，租庸调制度并没有全面废除，按照"丁"即政府认定的劳动力数量来征发徭役的现象仍然存在，可以看作两税法广泛实行下的补充。

从内廷到民间市场：宫市的谜团与思考

两税法是唐史爱好者比较熟悉的赋税制度，接下来我们讲讲大家比较陌生的贸易制度——"宫市"。宫市，从字面意思来看，就是宫廷的市场。如何理解？宫廷里需要的日用品，由官府承办，向民间采购，宫市可以说是沟通朝廷需求和民间市场的纽带。说到这里，大家可能还是雾里看花，不明其意。我们来看一首大家非常熟悉的诗：白居易的《卖炭翁》。

清宫殿藏本白居易像

卖炭翁，伐薪烧炭南山中。满面尘灰烟火色，两鬓苍苍十指黑。卖炭得钱何所营？身上衣裳口中食。可怜身上衣正单，心忧炭贱愿天寒。夜来城外一尺雪，晓驾炭车辗冰辙。牛困人饥日已高，市南门外泥中歇。翩翩两骑来是谁？黄衣使者白衫儿。手把文书口称敕，回车叱牛牵向北。一车炭，千余斤，宫使驱将惜不得。半匹红绡一丈绫，系向牛头充炭直。

以诗证史，首先题目下的注文写到了"苦宫市"，卖炭翁为宫廷采买之事而苦。为什么痛苦呢？贫困的老翁把炭拉到市场南门时，情节急转直下。翩翩而来的不是高价购炭的市民，而是"黄衣使者白衫儿"。他们是谁？诗人白居易写得很隐晦，"黄衣使者"是指宫中的太监，"白衫儿"则是太监的手下。之后的交易显然是不平等的，宫廷以"半匹红绡一丈绫"换走了千余斤炭。在唐代，布帛也常常充当等价物，所以用绡和绫来采买百姓的货物，表面上看并无问题。问题是，此时"夜来城外一尺雪"，正是炭价居高之时，而绡和绫都不是品质好的丝织品，并非高价之物。这里还提到"手把文书口称敕"，用曲笔暗指太监们以极低价买入并非个人行为，而是有明文可依，换而言之是奉"法"行事，这就和中央的制度关联起来。

这一事件是对唐代宫廷采买弊端的集中反映。关键点是什么？是"黄衣使者白衫儿"，即宦官。在白居易写诗的这一时期，宦官把控了宫市，这是政治角力在经济上的反映。熟悉唐史的朋友应该知道，安史之乱后，宦官专权非常厉害，甚至有能力对皇帝生杀予夺，制造宫廷流血事件。这也是唐代后期的重要困局之一。宦官掌控朝廷的两个方面，就是财政和军政，军政是指宦官担任监军且掌握禁军，财政就是指把控宫市。因为掌握内廷采购权是控制内财政的关键，宦官群体对此觊觎已久，一旦获得，便不愿轻易放手。

《新唐书》记载，"是时，宫中取物于市，以中官为宫市使。两市置'白望'数十百人"，这里的"中官"就是宦官，"每中官出，沽浆卖饼之家皆彻肆塞门"，并且"京师游手数千万家，无生业者仰宫市以活"。我们来还原一下当时的景象：当内廷有需要的时候，宦官们来到市场采购，卖米汤、卖饼的小店全部关门歇业。京城市场中的白望和游手们纷纷出现。白望是宦官派到市场的采办人员。什么是游手呢？取"游手好闲"的前两字，就是没有正业的人，来自不同背景、不同阶层，在城市中活动。白望和游手们大量拥上来，争先为宦官服务取利。可以看到，数千万家游手仰宫市以活，说明与宫市有关的人众多，直接牵涉民间的市场贸易，进而影响物价及百姓的生活。

从宫市的出现和发展来看，开元年间，为内廷供应所需直接到（主要是京城）市场采购的任务，由京兆府负责，但当时是否已称为"宫市"，并无太多证据。天宝时，杨国忠以使职掌领宫市，可见这一活动受到朝廷重视。安史之乱后，宫市引发民怨，成为腐败剥削的渊薮，"名为宫市，而实夺之"，直接强取豪夺。

进一步去思考这一现象的社会根源：唐宋时期，官营手工业从顶峰走向衰落，白银货币化程度加深，城市商品经济发展刺激宫廷内部对市场的需求增加，官府市场采购份额逐渐加大，采购范围也不断拓宽，这促使财政体制发生变化，供送制与采购并举。但是，这些环

唐朝通用货币"开元通宝"

节中有非经济因素的困扰，比如宫市为害的现象，很大程度上是人出现问题，所以说依靠"人治"解决不了经济体制转变的根本问题。

对两税法的探究和宫市的解读，是我们了解唐代经济状况的两条途径。两个问题的立足点不同，赋税制度关系国家经济命脉，是个宏观问题；宫市即朝廷采买，大多发生于京城，和税法相较是个区域性或局部问题。但是，两条线索最后交织而来，落到普通百姓身上，这就是我们想要近距离观察和思考的问题。讲到这里，很多人难免有忧心忡忡之感，从贞观之治到开元盛世，高唱赞歌之下居然有如此困境。然而，这正是历史研究想要告诉大家的真实情况。如果不能从百姓的角度去反观朝代，就容易迷失在复杂多变的政治事件中，就很难理解唐代如何从兴盛走向衰落。两税法和宫市弊端的出现，分别对应着藩镇割据和宦官专权两个重要问题，这是我们学习唐史必须深刻理解的暗线。两税法和宫市展现出祸患的持续积累，弊端的逐渐升级。我们在领略盛世之美、之壮阔时，也要不停地追问，是什么遏制住了大唐持续繁荣的脚步？

从唐传奇和宋人笔记小说看唐代历史

文：廖靖靖

商人的社会生活：窦乂发家史

近年来，许多与唐代历史相关的故事被搬上大银幕，受到广泛关注，但也为唐史爱好者所诟病，其中许多纰漏和失实之处让人遗憾。这些现象级的电影或电视剧往往取材于唐传奇和宋人笔记小说，因为这些史料补充正史之不言，给读者留下了更加广泛的想象空间。何为唐传奇？唐传奇是唐朝的汉族文言短篇小说，兴盛于中唐时期，晚唐后开始衰落。"传奇"一词来源于裴铏的《传奇》，这本书中有大家颇为熟悉的《聂隐娘》一篇。流传较广的唐传奇有90篇，这些作品大都收入宋初李昉等编集的《太平广记》，其他如《文苑英华》《太平

《太平广记》书影

御览》《全唐文》等总集类书中也有收载，其内容广泛，包括历史琐闻、逸事、志怪等。

到了宋代，文人士大夫普遍书写笔记小说，在继承前代的基础上加入杂记、见闻，有意识地搜集唐代政治、军事、经济、文化、宗教、社会生活、朝野逸事、礼仪风俗等相关内容。大家注意，宋人的笔记小说不仅仅是简单地讲故事，还加入了作者的考证和思辨，可以说是以纪实性的笔记形式来考述历史、论证史料，对唐人小说中包含的信息多采取谨慎态度。

在此基础上，我们来探讨：唐宋小说具有怎样的史料价值？小说的繁荣与城市化进程密切相关，市民阶层是小说的主要描写对象之一。众多篇目都以都市为创作背景，以长安为背景的最多，以洛阳、金陵、广州、扬州等为背景的也不少。在以都市为背景的创作中，我们可以观察生活在这里的手工业者、乞丐、从乡村前来务工的农民。通过分析唐宋笔记小说，我们可以打开观察视角，将研究扩展到广阔的社会层面和群体，并且深入了解精英文化与平民文化的交流和互动，以及皇室与民间的往来。

接下来，我将带领大家走进唐传奇和宋人笔记小说的世界，从曲折离奇的故事中挖掘史料信息。在《太平广记》收录的唐代商人专篇中，最长也最完整的一篇是关于窦乂的故事，他是唐德宗至文宗时期活跃在长安，被后世认为富有经济头脑、能够抓住机遇的成功商人的范例。

"扶风窦乂年十三，诸姑累朝国戚，其伯检校工部尚书交，闲厩使、宫苑使，于嘉会坊有庙院。"扶风窦氏，可追溯到西汉末以贵戚发迹的窦氏先祖，见于史传的东汉权贵有窦融、窦武、窦宪等人。北魏孝文帝改制，改鲜卑纥豆陵氏为窦氏。窦乂的"诸姑累朝国戚"有史为据，并非虚言，但同属窦氏，却鱼龙莫辨，不知其世系。其祖、父不见于史料，很可能属窦氏旁支，已经没落，或者干脆就是攀附于窦氏的乡人。窦乂原住地不详，为了维持生计，闯出一番天地，投奔在京城的伯父，可以推想他此前在长安城无立足之处。在唐代，同姓氏的人附会，有权势者提携族人子弟也是一种社会风气。窦乂来到京城，很快展现出经商才华，其第一桶金是靠出售亲识赠给的"丝履"，即丝质的鞋子，获得"半千"，即500铜钱。以此为本，窦乂从铁匠铺定制了两把铁锹，然后又以读书习业为名借了伯父的庙院。但窦乂并没有在庙院中读书，而是种起了树苗，待榆树成材后出售，获利三四万钱。创业成功的窦乂并没有到此为止，没有进入"五陵年少金市东，银鞍白马度春风。落花踏尽游何处，笑入胡姬酒肆中"的模式，而是继续经营贸易，累积资本。他雇用劳工制作蜡烛，在西市买地，填洼建造旅店，加工玉器、木材，还担任买卖官职的经纪人、投资人等。

窦乂的发迹经历，我们可以从三个方面进行解读。首先，窦乂是独特的"游击"商人，其经营方式独特，如同打游击战，并不固定于某一行业。他在加工业、旅店租赁业、建筑业、金融投资业中游刃得利。

宋人笔记小说中常见的成功商人往往有专门经营的行业，比如专门从事旅店业的汴州板桥三娘子、专营邸店业的长安王元宝（邸店就是堆放货物外兼住商客的场所），以及致力于长途运输的江淮俞大娘和转运贸易的长安张高。窦乂与他们不同，窦乂善于抓住商机和随机应变，反映出他经营范围的不稳定。进一步去思考，这体现出市场需求的不确定性，京城的市场发育并不成熟。

其次，窦乂是远离土地的"城市型"商人。说其远离土地，是因为他所有经营以及资金的使用都不涉及土地、田产，最后既不直接经营，也没有买地回乡养老。从思想观念上来说，可以说颇新颖。因为唐代两京居住着很多"城居地主"，他们居住在城市里，在乡村拥有田地，依靠收取租金供给城市生活的开销，即使经商，也未放弃从农耕中获取间接劳动成果。窦乂与他们相较，实属另类，他已经脱离了与土地的基本联系，以城市市场为依托生存并发家，成为完全以从事城市生活服务业为主的商人。这种现象在笔记小说中也有其他案例，共同反映出城市商品经济发展已经达到一定规模。

最后，我们来探究小说中暗藏的城市信息。我们看到一个故事，一方面会因为同理心对主人公的经历、遭遇感同身受，另一方面也会因为场景的真实性而代入其中。窦乂可能是作者虚构的人物，他活动的舞台在长安，文中涉及的地名都可以考证，还涉及诸多人物，也与城市市场发育有千丝万缕的联系。以窦乂伯父所在的嘉会坊为例，根据《长安志》，我们可以知道它的具体位置是在西市以南，而当时的权贵往往住在东城南区和西城靠皇城的坊区，可见其伯父并非权贵阶层，也可以推知窦乂可以就近获取西市的经济资源和人力资源。在此基础上，我们就可以进一步考虑他所代表的社会群体在唐代社会的表现。

中央与藩镇的对立：聂隐娘的选择

张舜徽先生在《史通平议》中曾提出"有琐言、杂记，则小说入史矣。于是治史取材，其途益广"。以小说入史，无疑可以拓展史料的范围。但是，面对唐传奇和宋人笔记小说中的离奇案件，我们该如何审慎地提取史料？"审慎"两字最关键，这是个难题。因为其中不乏志怪故事和民间逸闻，弃之可惜，用之不易。特别是涉及唐代政局变动与政治事件时，一定要保持清晰的逻辑和辩证思维。

《聂隐娘》传奇，可以说是一个典型。它曾经被改编后拍成电影，是现象级的大片。电影的故事已经与唐传奇本身相去甚远，导演力图把它拍成信史，复原中晚唐藩镇割据之局面，立意非常好。但是从史学的角度，我们不能无证据地去补充史料之不言，只能在多重文献互证的前提下提出推论。

第二章　隋唐五代——一统化王朝的再形成

电影《刺客聂隐娘》海报

从文本说起，唐代裴铏所著书中的聂隐娘是中晚唐时期魏博大将聂锋的女儿，10岁时被尼姑掳走，自此开始传奇的历程。尼姑没有教她信佛念经，而是传授她刺客的本领。先是持剑刺猿猴百无一失，后来习得飞檐走壁的本领，能刺飞禽，再带她于城市中无声无息地夺人性命。学成技法后，尼姑告诉她："某大僚有罪，无故害人若干。夜可入其室，决其首来。"这里一句话点出了尼姑乃至作者的重要思想，容我们后面分析。之后，聂隐娘还家，其父效力的魏博主帅发现她异于常人之处，就派她去排除异己，杀死与自己不和的陈许节度使刘昌裔。刘昌裔知道聂隐娘与其丈夫的来意，还以礼相待，使之感动，并转投麾下。此后文学性的描写类似于神话和武侠小说，聂隐娘在护卫刘昌裔的过程中，打败了魏博主帅后续派来的刺客精精儿，击退了妙手空空儿。其间聂隐娘武艺高强，甚至能变身为飞虫。最后，刘昌裔得救，进京觐见时，聂隐娘离去，仅在刘昌裔去世及刘昌裔子嗣有难时再次出现。

讲到这里，大家已经明白聂隐娘是虚构的人物，相关事迹也玄幻离奇。那么，如何从中获取历史信息？首先，去其虚笔，究其实处。虚笔，自然就是故事性的描述，聂隐娘如何峭壁飞走、白日刺人于无形，刘昌裔如何神机妙算、未卜先知等。落到实处，就是中晚唐时期，朝廷与藩镇、藩镇与藩镇之间不断博弈、明争暗斗的局势。

熟悉唐史的朋友应该知道，安史之乱使唐王朝遭到巨大冲击，此后由盛世走入困局，直至灭亡。有三条线索贯穿始终：第一，宦官专权；第二，朝中党争；第三，藩镇割据。其中藩镇割据尤为厉害，至黄巢起义后，皇帝沦为各藩镇博弈的战利品。聂隐娘的故事里，有一个人物一直隐于幕后，操纵着刺杀刘昌裔的事件，即魏博主帅。刘昌裔确有其人，据史料记载，他于贞元十九年（公元803年）至元和八年（公元813年）担任陈许节度使。同一时期的魏博节度使就是田季安。作为事件的核心人物，魏博节度使代表着"河朔割据型"藩镇的势力。根据张国刚先生的研究，唐代的藩镇类型包括中原防遏型、边疆御边型、东南财源型和河朔割据型。而魏博等就属于割据型。何为割据型？政治上，官员任命不受朝廷委派；财政上，累积于地方，不受唐廷控制；同时还拥兵自重，在军事上暗中发展，时时找朝廷麻烦。

陈寅恪先生评价它们"其政治、军事、财政等与长安中央政府实际上固无隶属之关系，其民间社会亦未深受汉族文化之影响"，与朝廷"虽号称一朝，实成为二国"。"河朔割据型"藩镇的根源在于在安史之乱的最后阶段，叛将旧部被任命为节度使，他们在负责的辖区很快发展为独霸一方的军阀势力。聂隐娘奉魏博主帅之命刺杀陈许节度使，表面上看是地方势力的角力，实际上反映出魏博割据势力的扩张趋势。再进一步而言，我们并未发现朝廷对这件事的处理，或者魏博主帅对朝廷的忌惮，其实这一时期中央的权威已日渐瓦解，中央集权逐渐衰弱。

这个传奇故事里还有一条主线,就是聂隐娘身怀绝技,是一名刺客。这也是唐传奇中的重要题材,是对社会现象的反映。藩镇之间、政敌之间,出于军事、政治目的,常常互派刺客。唐代暗杀之事不断,中晚唐尤盛。文献中记载,元和十年(公元815年),平卢节度使李师道蓄养"刺客奸人数十人,厚资给之"。这是高薪蓄养刺客于麾下。关于防范刺客的史料也很多,比如:"林甫自以多结怨,常虞刺客,出则步骑百余人为左右翼,金吾静街,前驱在数百步外,公卿走避;居则重关复壁,以石甃地,墙中置板,如防大敌,一夕屡徙床,虽家人莫知其处。宰相驺从之盛,自林甫始。"我们可以看到李林甫对刺客的防御,在外是百余人保护,在家是铜墙铁壁、机关重重。严防之下,刺杀案件仍然频繁发生,宝应元年(公元762年)十月,"丁卯夜,盗杀李辅国于其第,窃首而去"。李辅国在家中被暗杀。元和十年,武元衡因支持对藩镇用兵,在上朝的路上被有预谋地暗杀。多个刺客配合,灭去烛火、牵制守卫,迅速撤离。等到众人救援,武元衡已经死于血泊中。这样的案件让人毛骨悚然,也为之愤懑不平。在此基础上,我们来探讨裴铏写聂隐娘故事的用意。换言之,聂隐娘的师父——尼姑为什么要传授她刺杀的技能?是为了杀掉多行不义的大官。作者也有这样的期盼,所以聂隐娘的选择是弃暗投明,脱离了割据的藩镇魏博。

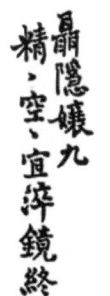

晚清画家任熊所画聂隐娘像,出自《剑侠传》

聂隐娘的选择反映出的是裴铏，也可以说是唐代文人的选择。他们身处变动的时代，受到时局影响，一部分人为求生计和发展，进入割据藩镇担任幕僚，但也有人反对割据，希望中央能重整山河，恢复鼎盛。所以我们读唐宋小说，可以从中还原当时的社会背景和民心向背。

唐代女性的家庭生活与社会地位

文：廖靖靖

唐代家庭中的夫妻关系：惧内与放妻书

唐代社会重视以夫妻关系为核心的家庭生活，倡导夫妻双方同甘共苦、相敬如宾，女性受到重视。女性作为妻子，在家中管理财务、劳动，与丈夫共同主持祭祀，尽管仍处于男尊女卑的男权社会，但女性已经获得了比较宽松的社会环境和较高的家庭地位。这一节我们就来看看唐代是否有惧内之风，夫妻和离时的放妻书有哪些内容。惧内，俗称怕妇，也就是畏惧妻子。和离，则是指在夫妻不和的情况下，双方情愿、家长同意后，夫妻离婚。

"大历以前，士大夫妻多妒悍者"，这是说士大夫的妻子很多都善妒而凶暴。漫翻史料可以看到，中唐前后，关于中上层男子惧内的描述很多，似乎成为风气。比如，因为宴饮晚归，害怕妻子责骂，不敢回家。《太平广记》记载：舒州军卒李廷璧有一次遇到铃阁连宴，就是说主帅大摆宴席，持续了三晚，李廷璧因此没有回家。他的妻子派人给他送信，言简意赅"来必刃之"四个字，触目惊心，言下之意就是，你回来就刀刃以对，当然也是让丈夫回去之意。李廷璧的表现是"泣告州牧，徙居佛寺"，哭泣着向长官汇报，然后搬去佛寺住，先躲一阵。读来滑稽，又非常生动，妻子的厉害、丈夫的怯懦，跃然眼前。

如何通过惧内之风分析两性关系？我们要回到当时的婚姻制度和唐代较开放的社会背景来看。从妻子的角度来说，上层社会的家庭中，妻子往往出身高门，有钱有势。这是唐代承袭魏晋以来门阀氏族之遗风，婚姻讲究"门当户对"，从法律和礼教上规定"良贱不婚""贵贱不婚""士庶不婚"，士族、庶族之间不可以通婚，划分出较为严格的界限。士大夫阶层多希望娶到高门女子。又由于唐代较开明、开放的社会背景，一些上流社会的女子自幼学习文墨，能够吟诗作赋、骑马射箭，踊跃参加社交，几乎与男子无异。

唐张萱《虢国夫人游春图》（宋代摹本）

在这样的情况下，女子有一定的文化素养和独立性格。历史上也出现了一批有才干和气识的女子，比如大家都很熟悉的武则天、太平公主、上官婉儿、宋氏五姐妹等。一般士大夫之家的女子也有相似之处，她们为夫君的官职晋升出谋划策，在家庭教育中起到重要作用。以宰相房玄龄为例，当太宗要赏赐他宫女和美人时，他吓坏了，"屡辞不受"。并非房玄龄懦弱，原因在于妻子对丈夫和家庭有很大的功劳和贡献，这是出于对妻子的尊重。

为何这些极言妻子善妒凶悍的士大夫不"出妻"？"出妻"就是休妻，《唐律疏议》中记载了"七出"和"三不去"。"七出"就是七种休妻的理由："一无子，二淫泆，三不事舅姑，四口舌，五盗窃，六妒忌，七恶疾。"这里就提到了妒忌。同时又要符合"三不去"，如果妻子符合下列三个条件之一，丈夫就不能休妻：第一，在为舅姑服丧三年；第二，娶时贫贱，后来富贵，就是说糟糠之妻不可辜负；第三，现在无家可归。所以在唐代，想要休妻并不容易。

谈到这里，大家是否对唐代的离婚制度产生了兴趣？作为结束婚姻的方式，离婚不仅反映着夫妻双方的情感、地位，还牵连着夫妻双方的家族，体现出时代风气和朝廷的管理政策。按照唐律，离婚有三种基本类

上官婉儿

型：第一，国家强制离婚；第二，男子以"七出"名义休妻而离婚；第三，和离。和离，通俗来说是指和睦地离婚。法律规定："'若夫妻不相安谐'，谓彼此情不相得，两愿离者，不坐。"其特点在于，在这种离婚方式下，夫妻双方都被视为行为主体，在形式上处于平等地位，因为它要求夫妻双方态度一致。需要注意的是，这里的离婚前提是"情不相得"，就是夫妻俩感情出现了问题，这是和离的基本精神。这一点在唐代人的现实生活中是否得以践行？我们来看敦煌文书中保存的"放妻书"，即"夫妻相别书"。

张传玺先生主编的《中国历代契约会编考释》，隋唐五代部分依据《敦煌资料》（第一辑）、《敦煌宝藏》、《敦煌吐鲁番社会经济资料集》，收录9世纪敦煌放妻文书格式2件、10世纪敦煌放妻文书格式5件。这些文书以晚唐至五代时期的居多，是我们研究唐代婚姻的重要材料。

我们先看原文："今已不和，相（想）是前世怨家，贩（贩）目生嫌，作为后代憎嫉。"说明两人感情已经不好了，因爱生恨，互相讨厌。那么，希望是什么呢？"夫与妻物色，具名书之"。分别之后，"更选重官双职之夫，弄影庭前，美逞琴瑟合韵之态。解缘舍结，更莫相谈"。希望妻子能找到更好的丈夫，二人情感特别好。最后"伏愿娘子千秋万岁。时次某年某月日"，还要签上时间。

从文书中可以看出，男子同意女子再嫁，并对其未来进行祝愿，和离就是一种缓和地解除婚姻关系的方式。除了互相祝福外，放妻书中比较常见的话语是"快会及诸亲，各还本道""聚会二亲……已归一别""请两家父母六亲眷属，故勒手书"。说明除了当事夫妻二人之外，还需要会集双方的亲属。从程序上看，双方亲属的参与必不可

唐张萱《捣练图》（宋代摹本），表现了贵族妇女捣练缝衣的工作场面

少，不仅需要征得他们的同意，还需要他们共同签署、画押。双方亲属在这里起到了主持和见证的作用。

唐代的和离制度是否真正标志着家庭关系中男女地位的平等？学者们普遍认为，唐律明确规定夫妻感情不和可以离婚，体现出对感情的重视，具有一定的进步意义。但既然是放妻书，主体、执笔者仍然是男性，其中很多实际上是丈夫放弃了妻子，加上经济等因素的考虑，女子往往是婚姻中的弱者。

所以，从士大夫惧内之风到离婚制度，有三个问题值得注意：其一，唐代风气开放，女性的地位确实得到了提高，但文献记载多是中上层女性的情况，与门阀制度有关联，并且不一定具有普遍性；其二，唐代的律法虽然仍是以男权社会主导为纲，但也在一定程度上保护女性；其三，敦煌文书中保存着研究世俗生活的珍贵材料，我们可以从文本中审视唐代家庭的形态与结构。

唐代女性的经济生活：板桥三娘子与广陵茶姥

与其他朝代相较，唐代女性生活的社会环境比较宽松，有一定的社会活动空间和自由，在社会经济中也表现活跃。女性在家庭与社会的"内外"之间游刃有余,她们可以抛头露面,进行社交或经营市场贸易。这是时代开放、包容的具体表现之一。从社会群体研究的角度来看,唐代的女商人为唐代经济的强盛做出了贡献。她们中不仅有纵横商场的大商人,也有流动经营的小商贩。

为什么会有活跃的女商人?从宏观上看,是唐朝经济贸易的繁荣带动了整个商人群体,女商人的形象在快速发展的商贾阶层频繁出现。从闺房到市场,女性的活动空间得到扩展,这与思想观念的改变有深刻联系。如南宋学者朱熹所言,"唐源流出于夷狄,故闺门失礼之事不以为异"。换言之,就是唐风开放,女性受到的束缚较小,社会道德舆论并没有使她们裹足不前,她们积极参与社会经济活动,也承担起了生活的艰辛。诗词有言"商贾女郎辈,不曾道生死",她们承担着很多压力,但是不为外人道。

女商人具体从事怎样的商业活动?我们从两个典型来分类:一是板桥三娘子型的女商人,二是广陵茶姥型的女商人。先说前者,"唐汴州西有板桥店,店娃三娘子者,不知何从来。寡居,年三十余,无男女,亦无亲属。有舍数间,以鬻餐为业。然而家甚富贵,多有驴畜,往来公私车乘,有不逮者,辄贱其估以济之。人皆谓之有道,故远近行旅多归之"。这位三娘子,拥有多家旅店,因为经营得当、生财有道,在出租驴畜时常常以低价租借,为大家排忧解难,所以远近的旅客都到这里食宿。板桥三娘子代表着经营较大规模贸易的女商人。与之类似的有洛阳寡妇高五娘,她从事冶金业,其冶炼技术由丈夫处继承而来,因为财富迅速而大量累积,遭到旁人嫉妒,惹上官司。再如俞大娘,经营造船及运输业,其船"南至江西,北至淮南",每岁一往来,其利巨大。

另一类广陵茶姥型的女商人,是指小本经营流动贸易的小商贩。

茶姥,就是卖茶的老妇人。她"每旦,将一器茶卖于市,市人争买"。每天早晨,这位老妇人都到市场上卖茶,因为价廉物美,人们都争相购买。类似的例子众多,唐雍州万年县阎村有妇女谢氏,售卖自己酿造的酒;冀州封丘县有老母姓李,年七十,无子孤老,唯有奴婢两人,靠卖酒为生;广州何二娘,与母亲同住,以织鞋子为业;长安城中张十五娘,制作衣服出售。此外,还有朝夕卖菜的老妇人、卖花姑娘、沿街叫卖西域化妆品的女子。她们的共同特点是,所经营的商业成本较低,规模较小,活动范围相对集中于城区、市镇的市场。

除了以上两类,还有很多女性出现在服务行业。"胡姬招素手,延客醉金樽","落花踏尽游何处,笑入胡姬酒肆中","胡姬貌如花,当垆笑春风"。垆是指放置酒坛的土台。这些美丽的异族女子吸引了大批风流文人前来酒楼消费。

这种经营风格在交通发达的乡村路口的小酒店也有出现,"风吹柳花满店香,吴姬压酒唤客尝"。吴姬是指江浙地带的年轻女子。异族女子和江浙女子在酒店中充当侍女,为店家谋取商业利益。与前面的板桥三娘子和卖茶老妇人不同,我们并不能确定她们就是酒店的经营者,很可能只是被雇用而为之,但她们也确实是唐代经济贸易活动中的美丽身影。

讲到这里,我们来共同归纳唐代女性经济活动的特点。第一,她们所选择的行业包括餐饮业、旅店业、客运业、织造业,很多是单纯经营茶、酒、饼的买卖;第二,除了酒肆中年轻美貌的胡姬与吴姬,女商人们普遍比较年长,一部分是继承丈夫的贸易,一部分是寡居后为生计奔波;第三,她们往往出身于中下层,并非出自门阀世家、名媛鼎族,所以相关史料来源较少,也很零散。这些特点实际上来源于唐代的社会环境,开放而包容的社会氛围是女性能够走出闺房的前提,商业经营活动的发展给予了女性施展技能的空间,也赋予了女性新的角色。

唐代科举制度下的文人

文：廖靖靖

唐朝的士人阶层：流动的举子

唐代被认为是科举制的黄金时代，开科取士成为社会中下层读书人参与国家政治的重要途径。从发轫到完善，科举制度改变了过去的用人制度，也改变了官员的来源结构，逐渐打破血缘世袭关系和世族的垄断。

我们先来看看科举的主要参与者：举子。过去，举子在我们的想象中一般是三种形象：第一，寂静的夜晚，青灯照壁，寒窗苦读的书生手不释卷；第二，森严的考场上，众多学子奋笔疾书，表情各异，有的志得意满，有的抓耳挠腮；第三，当然是金榜题名，众人簇拥着新科进士，攀登人生巅峰。实际情况是否如此？

科举考试之路往往荆棘塞途，一路坎坷是常事。从考学历程来看，第一难题就是囊中羞涩。胸有成竹，拜别父母，踏上考学之路，首先就需要路费，走陆路离不开坐骑，走水路则需要租赁船只。家中富足的可以买马，略差的可以租马，再差的只能骑驴。马和驴，俨然成为举子们经济实力的象征。如遇水路，就得尽快租船，一旦缺乏租船费，就会耽搁科考行程。

到达京城后，赶紧找地方落脚。如果是名门望族，城中有人，可以立刻奔亲戚而去，长居无忧。更多的情况是举目无亲，可以投宿旅舍，可以租赁房子，也可以借住寺院道观。一路奔波，外加水土不服，很可能偶感风寒，因此医疗费也是一笔常见的开支，正是"长安多病无生计，药铺医人乱索钱"。终于安定下来，期盼着广泛结交友人，此时盘缠已经所剩无几，只能典当一空，通过赊欠的方式来筹办宴会。觥筹交错，宴席散去，已经负债累累。接下来，还没等到考试，很可能已经流落街头，开始游丐。"游"是指远离故土，漂游在外；"丐"是指乞讨、索要。从字面意思上看，游丐是那些在外游历的举子因为经济困窘而采取的一种临时行为。当然，他们并不是生活困窘的贫民，而是赶考所致，所以很可能得到上层社会的积极资助。终于熬到考试，可以肆意挥洒文墨，一展所学。之后，进入漫长的等待。由于考试竞争激烈，很多举子落榜。很大一部分人想再次参加科考，不愿返回家乡，比如"李敏求应进士举，凡十有余上，不得第。海内无家，终鲜兄弟姻属，栖栖丐食，殆无生意"，只能继续行乞，等待机会。

其他人则有不同的选择，一是谋求步入官场，可以通过荐举做官，或门荫入仕，进入幕僚。二是弃笔改志，回家躬耕垄亩，或是怒奔商海，前者不是指落第举子一定要亲自下田干活，而是指他们以后的生计主要依靠家里的田产。从商的例子也很多，大家非常熟悉的黄巢就是屡举进士不第，遂与王仙芝共贩私盐，科考的失败使他开始掀起唐末农民运动的浪潮。

前途未可知，苦难重重，为什么唐代有这么多读书人寄希望于科举？从根本上看，科举制度是一条上升通道，对寒门而言，可以由此暴得大名，实现自己的仕途梦想。而且从唐代的风气而言，上至皇亲贵胄，下到贩夫走卒，都崇尚才子。唐代社会普遍看重进士出身，将进士称为"白衣公卿"与"一品白衫"。新科进士可谓风光无限，其庆祝宴会曲江宴，常常使长安城万人空巷，连皇帝也来参加，"曲江之宴，行市罗列，长安几于半空"，"上御紫云楼，垂帘观焉"。许多高官权贵趁此机会挑选东床快婿。

黄巢像，出自《残唐五代史演义》

这些美好的场景吸引着年轻的儒生前赴后继，赴京赶考。因此长安多举子，他们成为城市中的活跃群体，频繁出现于社会文化生活中。"才子佳人"这一文学主题以此为背景形成并逐渐丰富完善，流传至今。最典型的可以说是白行简所写的《李娃传》。

这个故事发生于长安。河南望族荥阳（郑氏）公子进京赶考，因为迷恋名妓李娃而耗尽了资财，贫病交加，沦落街头。后被扔到从事丧葬业的西市凶肆等死，凶肆就类似于现在的殡仪馆。幸运的是，郑公子得到了救助，并被培养成唱挽歌的高手，挽歌就是出殡时唱的哀悼之歌。

当时，作为商业上的竞争对手，东、西两市的殡仪馆明争暗斗，各有优势，东边的物品更加华丽，而西边的歌手唱挽歌屡占上风。东市的殡仪馆偶然得知这位郑公子天生有一副绝好歌喉，就用二万钱将其挖走，进行秘密培养。

等到东、西双方相约在天门街进行挽歌比赛时，全城的百姓都前来观看，有数万人之多。代表西边出战的歌手"旁若无人"，自信满满，唱罢，以为"独步一时"，不承想东边派出郑公子，一曲挽歌，"举声清越，响振林木"，"曲度未终，闻者歔欷掩泣"，唱到情动处，听者都落泪不止。这件事恰巧被郑公子的父亲发现，知道他不务正业，辱没门风，于是将他暴打一通而去。事情发展至此，突然有了转机，李娃良心发现，将郑公子救回家，专心供其读书。最终，郑公子金榜题名，李娃亦以夫贵，获封汧国夫人。

之前我们提到过唐传奇和宋人笔记小说的使用，关键就是要从曲折离奇的剧情中提取时代背景和历史信息。这里有非常丰富的社会内涵，也是城市从封闭走向开放的重要案例，天门街即朱雀大街，俨然成为市民娱乐的公共空间，同时还展现出唐代人的思想观念：他们如何看待才子佳人。根据宁欣教授的研究，赴京赶考的郑公子就是才子，而妓女李娃就是佳人。都城为才子和佳人的相遇提供了契机，而才子即举子的社会活动丰富了城市文化。

科举制度的变化：明经求贤与诗赋取士

前面提到参加科举的主体，是这些流动的举子。现在我们回到制度本身，来探讨其形成与流变。我们谈唐代不能绕开科举制，而科举制的影响自此延伸到明清。在此之前，选拔人才的方法主要有察举制和九品中正制度。两者的选人依据，分别是品德和家世。科举制与它们相较，最大的不同在于通过考试选取有才能之人。

有三个问题需要深入思考：第一，实行科举制的目的是什么？第二，科举制考察的才能是什么？第三，通过科举制，读书人是否可以当官治国？

首先，我们来看陈寅恪先生的一段话："进士之科虽设于隋代，而其特见尊重，以为全国人民出仕之唯一正途，实始于唐高宗之代，即武曌专政之时。"就是说，进士科在隋代已经出现，到了唐高宗时期，武后专政之时，才成为文人进入仕途的唯一途径。如何理解？简而言之，科举制与唐高宗时武则天专政有什么关系？实际上，武则天是利用了科举制来帮助自己对付门阀士族。前面提到过，科举制度是一条上升通道，其实它是双向的通道。"双向"，这个词非常关键。表面上看，寒门学子可以由此进入社会上层。转换视角，我们再来看，过去的门阀子弟在这个通道中下降了。一方面，不参加科举考试，就没有进士的身份，就不会受到统治者的重视；另一方面，参加科举考试，就要按照出题者的思路学习，就要离开家族势力盘踞的地方，到京城来，金榜题名时，成为天子门生，身份也发生了转变。这一升一降之间，权力集中于科举考试的最终仲裁者——皇帝手中。这就是科举制的根本目的。

其次，到底要考察什么才能？一个唐代的标准才子需要具备哪些

科举考场上的考生，出自中国科举博物馆

内涵？这个问题显得模糊而困难。关键在于，考试内容是不断变化的。总体来看，随着统治者的需求和社会风气而变化。种类上，唐代科举有常科、制科与武举科。常科就是按制度定期举行的科目，是我们主要讨论的内容。制科是根据皇帝所好，临时设置，名目繁多，要招特别之人。武举科为唐代首创，是选拔武将的考试。大部分读书人参加的都是常科，主要包括明经科和进士科，有唐一代，这两科始终存在。明经就是要明白、熟悉儒家经典，考试内容主要是"帖文"。什么是"帖文"呢？就是从儒家经典中选出一些句子，把其中的一部分空缺出来，让考生凭记忆一字不漏地将缺字补齐，大致相当于背诵全文后填空。后来要求写时务策，就是要分析现实政治、经济、文化等问题，提出对策。进士科，"试时务策五道"，自唐初至唐末不改。这些题目一方面着眼于现实，又往往与儒家经典相关，让考生提出对策，实际是要考察他们的思想观念、读书成果、当官志向。

一对比就会发现，明经科以考察记忆力和默写为主，是客观题；进士科则是让考生在熟读经典的基础上进行阐述，是主观题。每年，考取明经的人数远多于进士，以唐高祖四年的敕文为例，要求诸州录取明经143人，进士30人。两者的难易程度也不一样，素有"三十老明经，五十少进士"的说法。很多人终其一生就为考得进士，所以唐诗有云"太宗皇帝真长策,赚得英雄尽白头"。

后来,选人的取向发生变化,诗赋进入其中。诗词歌赋的诗、赋,要求考生有较高的文字技巧。唐朝开科取士,是要选拔人才,为什么要考察诗赋呢?原因在于,科举制度运行一段时间后,出现了不好的现象:考试的内容明经、策论,无法真正考察出考生的水平,举子们不读经史原典,并没有实才,文化水平普遍低下。主考官为了凑满名额,降低了录取标准。所以,规定进士加试杂文,考察他们的文辞,希望通过这个方法提高应举者的文字水平。关于唐诗的繁荣和诗赋取士两者的关系,学者们有不同的看法。有人认为,考察举子的文辞,如无形之手推动了唐诗的发展;也有人认为,是唐诗的空前繁荣促使了科举增加考察诗文水平。其实,两者是相互作用的,科举制是动态变化的制度,随着时局调整,唐诗的兴盛无疑是当时的重要情况。制度变化对时局的影响也是显而易见的。宋代时,文人分析此事说道:"唐以诗取士,故多专门之学,我朝之诗所以不及也。"

讲到这里,一个重要的身份出现了,就是主考官。他们直接评判考生的水平,掌握着举子们的前途。根据唐代的实际情况,除了武则天时期曾经短暂地糊名,就是把考生的名字糊住,藏起来,主考官基本上是可以知道举子的姓名的。这样一来,具有社会声望和名人举荐的考生,很容易得到主考官的青睐。因此,制度中出现了人为干预因素,主考官可能会根据个人好恶和对举子平时的了解做出判断。

温庭筠,喜好诗词的朋友都应该比较熟悉,他被尊为"花间词派"之鼻祖,才华风采不言而喻。然而,他数次落榜进士科,原因在于他考场"救人"。怎么"救人"呢?就是帮人答卷,有点像现在的枪手,但他是免费帮人。温庭筠参加唐宣宗大中十二年(公元858年)科举考试时,考官把他安排在主考官门口,由主考官直接监视。只见

温庭筠像，出自《晚笑堂竹庄画传》

温庭筠奋笔疾书，不一会儿就交卷出场了。主考官为这次他能遵守规矩好好考试而感到高兴。事后才知道，温庭筠在他的眼皮子底下顺利帮八人完成了试卷。主考官非常愤怒，报告上司，将温庭筠赶出京城。从这里，我们也可以窥见主考官和考生的相互关系。

最后一个问题，通过科举制，读书人得到的是什么？是不是能立刻走马上任，担当要职，成为皇帝的心腹，或是地方的高官，有一个类似童话故事的美好结局？实际上，读书人考取明经、进士后，只是获得了授官的资格。他们还要通过吏部的考试，对诉讼案件进行分析判断并书写判词，合格后，才有机会授官。这还是理想状态，有时还会有漫长的等待，等待有职位缺人。所以，考中进士并不代表着就有官做，读书人的仕途梦想也不会立刻实现。以上就是唐代科举制度的基本状况。

外来文化对唐代百姓生活的影响

文：廖靖靖

唐代的饮食习俗："时行胡饼，俗家皆然"

走进唐代人的日常生活，外来文化的痕迹随处可见。其中，具有代表性的有"胡食"与"胡服"。首先我们来看胡食。广义而言，胡食就是外来的食物，主要包括饆饠、烧饼、胡饼、搭纳等。唐人喜好饆饠、胡饼，恰如今天我们喜欢吃汉堡和比萨。

如果能回到唐代，你会发现长安城中卖胡饼的店摊十分普遍。历史学家费正清曾这样描述："作为横跨中亚陆上商路的东端终点，以及有史以来最大帝国的都城，长安城内挤满了来自亚洲各地的人。"长住的外国人有数万人之多，他们从事商贸、宗教、文化、饮食等事业，坊市中、街道上常常可以看到他们的身影，其中胡人最多。胡饼类似于现在的芝麻饼，时任忠州刺史的白居易诗中写"胡麻饼样学京都，面脆油香新出炉"，"胡麻"就是芝麻之意。可以想象，面脆油香的芝麻饼，可能还伴有外来香料的气味扑面而来，令人垂涎。经丝绸之路，唐朝输入了大量的外来调味品，其中最有名的是胡椒。《唐本草》有言："胡椒生西戎……调食用之，味甚辛辣。"唐代的《酉阳杂俎》也提及胡椒"今人作胡盘肉食皆用之"。

关于胡饼，史籍、笔记小说和敦煌文书中都有记载。《资治通鉴》中说，安史之乱爆发后，形势严峻，唐玄宗出逃，一行人逃到咸阳时正值中午，饥肠辘辘，非常狼狈。杨国忠买来胡饼献给玄宗，想必解了一时之急。唐传奇《虬髯客传》中李靖与红拂女夜奔太原，在灵石住店，遇到豪侠虬髯客。李靖出去买回胡饼，虬髯客抽出腰间匕首切下羊肉，两人就着胡饼一起吃。好一幅英雄相见，快意江湖，豪放宴饮的画面。另外，敦煌文书中遗留的众多寺院账本里记录了僧人和工匠吃胡饼的情况。从以上材料可以看出，胡饼的流行范围很广，不仅在都城流行，还在忠州、咸阳、灵石、敦煌等地出现，闹市中、乡村小路上都可以买到。根据黄正建先生的研究，胡饼类似于今天新疆地区流行的馕饼。除了只有芝麻的素胡饼，还有肉胡饼，当时富贵之家用一斤羊肉层层叠叠地铺在胡饼上，中间夹着各种香料和豆豉，再用酥油润泽，放在炉中烤到肉半熟就吃。

除了胡饼，还有一种外来美食在北方尤其是关中地区非常盛行，叫作饆饠。关于这种食物，学术界还有争论。一部分学者提出，这是一种带馅的面点，比胡饼小一些；另一部分学者则认为，这是由波斯传来的"大烩饭"，有菜、有肉、有饭，和现在的手抓饭类似。我们可以确定的是，这是一种主食，味道非常独特。饆饠刚传入中国时，很多人对它的味道很难接受。唐代的《酉阳杂俎》里记载了一个人的梦，他梦见自己请朋友去吃馎饦，自己很爱吃，两斤下肚意犹未尽。他发现朋友一口也没吃，大惑不解。店主人说，可能是里面放了蒜的缘故。可见当时的馎饦味道比较重，很可能是偏咸偏辣的。到了晚唐，出现了樱桃馎饦，水果被放进其中，想来是转向清淡和甜味。

这就是舌尖上的大唐，体现出热气腾腾的西域风情。中国素来主张"民以食为天"，注重饮食文化，外来食物的流行是不同民族饮食文化交汇的结果，也显示出唐人对外来事物的包容。到了宋代，风气已经改变，宋代文献中记载开封的小吃街上以本地美食为主。家喻户晓的《清明上河图》，描绘出清明时节北宋都城开封城内外以及汴河两岸的繁华热闹景象。城内店铺鳞次栉比，大店门装饰着彩楼，小店铺就是一个敞棚。街上行人摩肩接踵，车马络绎不绝。行人中有官

《清明上河图》中的胡人商队

吏、仆役、贩夫、走卒、作坊工人、说书艺人、算命先生、行脚僧人，还有乞丐等。其中一个有趣的现象，被荣新江先生称作"千汉一胡"。画上似乎只有一个胡人，从面相上看，他颧骨突出、眼窝深陷、鼻梁高挺、嘴唇厚实，一看就与周围的路人不同。他正带领骆驼队穿过城门向外行走，左手抬高牵着缰绳，右手向前指，仿佛在吆喝前面的人闪开。

这是一个运输货物的胡商，除此之外，再难找到胡人的身影。这与唐代胡人满京城，贩卖各种美食的情况完全不同。开封如此繁华的市场，为什么胡人如此少见？原因在于，到了宋朝，由于西边受西夏、吐蕃的阻隔，来到都城的外国人主要是使者，他们携带珍贵的香料、药材进贡给朝廷，宋朝再回赐。在这样的形势下，外来的商人很难在市场上进行自由买卖。唐宋的差别由此可见一斑。食物的选择是国家制度、时局状况、民间风气等多方面因素综合的结果。大唐的食物充满外来文化色彩，胡风与胡气归根到底是王朝开放性之下的移风易俗和文化创新。在市场中贩卖货物的外来商人，也给城市文化增添了新的活力和色彩。

唐代的服饰文化：女扮男装，胡服流行

前面提到，唐代的历史故事多次被搬上大银幕，常常引起广泛关注，成为当年的重磅大片。我们这些研究历史的人往往不敢去看电影，因为都有职业病，复杂点说就是对史料的还原有要求，简单点说就是爱挑错。电影一开始，大家就坐不住了，因为演员们出场后，首先展现的就是服饰和妆容，一旦出错，就失去了代入感。

从文化史的角度来看，初唐和中唐分别是两个重要的转折点。如何从服饰和妆容来体现？我们通过女性的穿着打扮来具体分析。我们先来探讨一下唐代女性的时尚。所谓时尚，一枝独秀不算，是要在一定时期内形成普遍喜好的风尚。其形成主要与三个方面相关：第一，社会氛围；第二，物质条件；第三，个人思想观念。其变化则与时局紧密相关，所以我们要通过服饰文化的变化来分析社会背景、政治事件和统治者的导向。

唐周昉《簪花仕女图》

唐代女性的服饰到底是什么样的？我们可以利用史料的文字记载去复原，也可以从丰富的墓葬出土文物中去寻找答案，壁画与陶俑对我们全面了解女性的形象意义重大。总体来看，唐代女子的日常装扮由裙、衫、帔组成。裙好理解，衫是指上衣，帔是指披在肩背上的服饰，这与汉魏以来的传统服装没有太大的区别，其特殊之处在于受外来文化的影响。从初唐开始，胡服成为时尚，上自帝王官宦，下至庶民百姓，无不为之倾心。什么是胡服？胡服传入中原已有几百年的历史，包括的范围也很广，既有西北地区少数民族的服饰，也有天竺、波斯、大食以及中亚各国的服饰，其中最常见的是双翻领窄袖袍服。

历经贞观之治、永徽之治、武则天时期到开元盛世，胡服在女子时装中逐渐占据重要地位。究其原因，有两条线索值得思考。第一条线索从一条史料记载出发："使户奴数十百人习音声，学胡人椎髻，剪彩为舞衣，寻橦跳剑，鼓鞞声通昼夜不绝。……又好突厥言及所服，选貌类胡者，被以羊裘，辫发……"这说的是李承乾，当时是唐太宗的太子，他很喜欢突厥文化，让几十人学习突厥语，按照胡人的衣着、发型打扮，彻夜载歌载舞。这当然是比较极端的案例，但李唐皇室确实喜好外来服饰，上行下效，这种风气传播开来。第二条线索与之相反，可以说是民间因素。胡风满长安，胡姬成为酒肆中的标配，才子们盛赞她们的美貌和异域风情，大量的诗篇以她们为主角。如此一来，美的定义多了一重外来文化的浪漫风情，引领唐代女子大胆追求、模仿。这两种说法各有道理，结果就是女性穿胡服成为流行趋势，"贵族及士民好为胡服胡帽"，化妆也有鲜明特色。大家可以想象一下，盛唐之时，女子胖胖的脸盘上以白粉打底，两腮涂抹得非常红，好像两抹红霞；嘴唇也涂得很红，娇艳欲滴；眉形画得又粗又短。远远看去，女子眉黑、面红、唇红，妆容浓艳而大胆。

继续深入，我们来思考两个问题。第一，这一时期女子的服装从全身遮蔽到逐渐简化、暴露，这反映了什么情况？第

安史之乱前后时期的彩陶妇女像

二，天宝年间，女子穿男装成为风尚，如何理解这一现象？从遮蔽到暴露，是女装开放程度的变化，其社会背景是唐朝经历几代君主的传承，达到了封建社会的最高峰，思想活跃、艺术发达，大大推动了女装的变化，女子的衣着由保守走向开放，女性袒胸露背，敢于展示自己的身体。在此基础上，我们来看女扮男装的问题。穿着男子的衣服，甚至戎装，受到社会上许多女子的喜爱。女子出行时还会戴上幂篱，幂篱最早是西域地区男子的穿戴，用来遮挡西北的风沙。到了唐代，它主要成为女子遮蔽容貌和身体的一种帽饰。女子穿着男装，是否代表唐代女性的自我意识较强，想要拥有和男子同样的权利和地位呢？我们来看武则天的例子，风水玄学大师袁天纲第一次见到婴儿时期的武则天时，武则天穿着男孩的衣服，所以他才说"此郎君子龙睛凤颈，贵人之极也"，错把武则天当作男孩。后来发现武则天是女孩，非常惊讶，说出了"后当为天下之主矣"的预言。武则天的女儿太平公主，也曾经穿着男装去参加宴会，向父王、母后展现自己。她们对男装的喜好，必然会对社会风气产生影响，不仅要突破内外之别，参加社会公共活动，还要谋求相对平等的地位。可以说，唐代的部分女性已经拥有了较强的性别意识。但是，不同社会群体或不同社会阶层的女子，女扮男装的情形也不相同，女扮男装很大程度上是为了展现自己的个性。

最后我们把目光投向中唐，自此之后，女性的装扮出现"衰颓化"，与之前的开放、包容、热烈相反。安史之乱后，唐朝的统治阶级加强了对少数民族的提防和忌惮心理，这直接导致中唐之后的反胡之风，女子的服饰逐步恢复汉魏时期的样子，改穿大袖宽衣。化妆风格也大为变化，白居易的诗中说"腮不施朱面无粉。乌膏注唇唇似泥，双眉画作八字低"。脸上不擦粉，也没有腮红，嘴唇涂成泥土一般的暗淡颜色，眉毛低垂如八字。种种迹象反映出唐人的观念开始趋于保守，这影响了宋代及以后传统文化的发展，形成了由"唐型文化"向"宋型文化"的转变。

道教、佛教、三夷教与唐朝政治的关系

文：廖靖靖

道教与李唐王朝：尊老子为始祖

在中古时期的唐朝，宗教与社会密不可分，影响着国家的礼仪祭祀和百姓的日常生活。多元文化背景下的唐代，是佛教、道教兴盛发展的重要时期。佛教和道教是大家都很熟悉的宗教，它们不断发展变化，传承至今。与此同时，三夷教也传入了中原。三夷教听起来很陌生，仿佛笼罩着神秘的色彩。这些宗教的流行程度、信众数量、与中央王朝的关系，各不相同。接下来，我们结合历史事件、社会生活来观察宗教与唐朝各阶层的互动关系。

首先来看中国的本土宗教——道教。唐代可以说是道教的辉煌时期。经过东汉的创立，魏晋南北朝的充实改造，在唐代，道教已经趋于成熟。为什么道教在这一时期成为全民性的宗教，并且位列儒、释、道之首？李唐王朝的推动作用至关重要。

唐朝建国后，皇帝自称为老子后裔，尊老子为"太上玄元皇帝"，下诏在京城和地方各州建立玄元皇帝庙。这里面包括两个要点和一个目的：要点一，从统治者的角度确立道教至高的地位；要点二，为道教的传播和发展提供场所。目的是什么？唐初崇尚道教的政治目的非常明确，就是要通过尊奉老子来神化李唐王朝，抬高皇族地位。换而言之，就是利用宗教来满足政治需求。这与南北朝时期皇帝降生时的"神迹"现象是共通的。了解南北朝历史的人应该知道，这一时期社会动荡变化，政权更迭迅速，如何让民众相信皇帝是天选之人？很多时候就要靠预言和神奇现象来营造舆论。于是我们可以在文献中看到，很多皇帝出生时，红光满屋，白气从天而降；紫气满屋，夜里忽然天明；白光满屋，空中黑云如同车轮。这些虚笔，就是为了将统治者神化。李唐皇帝推崇道教，与此有相通之处。与之前的朝代相比，唐代的道教主要采纳并发展了道家哲学，得到文人士大夫的赞赏，又因为夹杂着鬼神方术，可以消灾解难，其世俗性深受民众欢迎。兼具哲学性与实用性，使道教进入全民的生活。

皇帝在长安、洛阳修建大规模的道观，公主们以修道为风尚，甚至要放弃身份，成为女道士。大臣百官中也有不少人信奉道教，向往长生不老。尉迟敬德晚年笃信仙方，在家修炼金丹，服食云母粉；李德裕在大山名川中求得丹砂丸，长期服用。上层社会服食道教丹药现象蔚然成风，私下修炼的人也很多。暗中结交道士，最后自愿弃官隐居的，也大有人在。在如此风气下，道观逐渐成为文人士大夫的文化活动与社交活动的重要舞台。

上至皇室成员，下至基层民众，都与道教有着千丝万缕的联系。道教风尚的表现是多层次、多方面的：道观林立，道士们往来匆匆，街谈巷议；公主、大臣们入道修行；传奇故事里，主人公有仙人和仙女。道教思想成为唐代精神文化的一部分，融入治国理念，唐太宗说"夫安人宁国，惟在于君。君无为则人乐，君多欲则人苦"，就是要无为而治、与民休息，这对太平盛世的构建有重要指导意

河北邢台道德经幢，摄于清末

义。进一步，我们要思考，道教如此兴盛的同时，为什么佛教也可以成为社会文化的主流？佛、道两家是互相对抗，还是平衡共荣、各自发展？

佛教的本土化：武则天与"净光天女"

佛教与道教从来源上看完全不同，研究角度和方法也有所差异。道教有一个要点，就是"本土宗教"，它是在汉文化土壤中生长，一出现就与中原地区的现实状况紧密结合。佛教则不同，它是外来宗教，首先要解决"落地"问题。怎么立足？怎么获得信众？就是要走向人间。

一种宗教进入中国，想要长盛不衰，就要实现"中国化"。其中重要的两个难题是皇权问题和伦理问题。第一个问题关乎生存，因为在中古时期，皇权始终是绝对主导，如何界定皇权和神权的关系，直接关系到皇帝对这种宗教的态度。想简单地提出神权第一，就等于向皇权宣战，结果可想而知。第二个问题关乎信众，伦理上，孝道为先，如何处理神权和侍奉父母的关系，是获取认同感的切入点。佛教能走向人间，得到各阶层的认同，就是因为较好地处理了这两个问题，政治上为统治者所用，生活中逐渐世俗化，不与传统儒家思想直接对抗、交锋，满足民众渴望进入天国的需求。

唐初，佛教的地位并不高，被排在道教、儒学之后，发展很缓慢。改变这一局面的重要人物是武则天。她的成长、崛起与佛教有怎样的渊源？首先，武则天的母亲杨氏笃信佛教，对她有潜移默化的影响。武则天年少进入后宫，成为唐太宗的才人。之后的曲折故事被反复讨论，多次影视化。其中重要的情节就是唐太宗驾崩后，武则天在感业寺出家为尼，受苦受累，从涉世未深的"小白兔"转变为苦大仇深、工于算计的野心家，然后唐高宗把她召回宫中，封为昭仪。关于感业寺的位置和真实性，学界有不同的观点，但是大部分学者认同武则天曾经入佛门，成为尼姑这一史实。可以推断，这一时期，武则天对佛教有了比较深入的了解。所以，当她逐渐走入权力核心时，依靠佛教为自己制造舆论就显得顺理成章。李唐皇室尊崇老子，以道教抬高自己的社会地位。现在，武则天要取而代之，一方面学习他们的方法，另一方面又要另辟蹊径。游走在信仰与权力之间，为了赢得更多的支持，同时也为了给新政权找到依据，武则天需要从佛教中得出一套新的理论。于是，《大云经》出现在武则天及其谋臣们的视线中。关于《大云经》的真伪，学者们各有看法，一部分人认为是伪造的，

《旧唐书》记载"怀义与法明等造《大云经》，陈符命，言则天是弥勒下生"。另一些学者则坚持认为《大云经》出自天竺，并非中国人伪造，薛怀义等人只是加以新的解释。经文大致是说有一天女，曰净光，在王舍城听佛宣说《大云经》，佛告诉她"即以女身当王国土"，而且"实是菩萨，为化众生现受女身"。"净光天女"做皇帝是上天的安排，她会拯救苍生。武则天借此理由，改国号为周，称圣神皇帝，完成了她的宏图大业。执政后，武则天对佛教给予了大力支持，优待僧侣、建造寺庙，推动佛教出现了前所罕见的鼎盛局面，并影响后世。

这里出现了很有趣的现象，就是佛寺的多元功能。我们在前面讲过长安的城市形态和生活，皇城、宫城之外，有里坊，有市场，有宽阔的朱雀大街，可是并没有市民的公共活动空间。除了居住和进行贸易，他们去哪里娱乐社交？佛寺在很大程度上承担着这一职能。从唐到宋，我们可以看到民众聚集在佛寺里听僧人讲佛经、看戏，热闹非凡。

三夷教的传入与流行：祆教、景教、摩尼教之东渐

和佛教相比，同为外来宗教的三夷教则显得小众，受到"冷遇"。三夷教是指祆教、景教和摩尼教，它们由外来移民传入，信奉者大部分是外来民族。进入中原后，三教表现出不同的传播特色，并受到当时政治势力的扶持或限制。尽管始终未能成为主流宗教，信众较少，但祆教、景教、摩尼教的传入和发展是唐代多元化信仰格局的体现。首先，我们来揭开三夷教的神秘面纱，了解它们的来源、教义

粟特神祇白画，公元10世纪敦煌归义军时期的纸本白画，描绘粟特人崇拜的两名祆教神祇。由法国探险家伯希和在莫高窟发现，今藏巴黎法国国家图书馆

和特色等。

　　祆教是公元前6世纪由波斯人琐罗亚斯德创立的宗教，所以也可以称为琐罗亚斯德教。该教主张善恶二元论，以波斯古经《阿维斯塔》为经典，崇拜阿胡拉·玛兹达，他是至高之神。其祭礼过程是在露天的祭台上燃放圣火，通过崇拜圣火与神沟通，所以也称为拜火教。

　　陈垣先生在《火祆教入中国考》中谈道："善神清静而光明，恶魔污浊而黑暗，人宜弃恶就善，弃黑暗而就光明，以火以光表至善之神，崇拜之，故名拜火教。因拜光而又拜日月星辰，中国人以为其拜天，故名之曰火祆。""祆"字右边看似"天"字，因此如陈垣先生所说，中国人以为祆教拜天。唐代时，信奉祆教的胡商经丝绸之路来中原经商、定居，长安、洛阳的坊市中有了祆教信仰者的身影。胡商信仰者们还经常举行一些具有幻术的活动，比如"每岁商胡祈福，烹猪羊，琵琶鼓笛，酣歌醉舞"，之后一个祆教祭司拿出一把锋利无比、寒光闪闪的刀刺向自己的腹部，刀从背后穿出，鲜血直流。现场围观群众惊恐大乱，他再喷水在伤口上，念咒语，身体恢复原状，展现了西域的幻术。大家可以想象，这个祭祀表演热闹非凡，有具有异域风情的舞蹈，还有神奇而令人惊悚的魔术。但是，这并不符合传统的儒家教化风俗，所以祆教的传播与信仰只允许发生在胡人之间，相关的宗教活动也被禁止公开进行。

景教是西方基督教教派的一支，即聂斯脱利派，聂斯脱利是教派创始人的名字。该教公元5世纪产生于东罗马，因遭排挤，教徒多迁徙到波斯，受到波斯统治者的保护与支持。到阿拉伯征服波斯时，其教徒纷纷逃到中亚，该教又在中亚一带流行开来。景教在唐代的传播情况，可以参看《大秦景教流行中国碑》，这是备受重视的石刻史料。碑文里记载，约在贞观九年（公元635年），景教传入中国内地，教徒主要有波斯人和中亚人。景教的流传范围较广，在长安、洛阳以及地方各州都有寺院。开始时，其寺与祆教寺庙同被称为波斯寺，后唐玄宗下令将各地景教寺院改称为大秦寺。景教在传播过程中，往往借助佛教的外衣。具体而言，为了让汉地民众易于接受，景教文献大量借用佛教的概念和表述方式来诠释其经典。

大秦景教流行中国碑

摩尼教是公元3世纪中叶由波斯人摩尼创立的一种二元宗教。其根本教义和世界观是"二宗三际论","二宗"是说世界的本原是光明和黑暗,"三际"是指世界发展的三个过程,分别是初际、中际和后际,表示过去、现在和未来。武则天时,允许摩尼僧留下刻经,表明她对这种宗教并不排斥。摩尼教在同一时期也进入漠北的回纥地区,并盛行起来。摩尼教刚传入中国时,虽然略有传教的自由,但并不敢公开建立庙宇。安史之乱后,回纥援助唐王朝有功,摩尼教借助回纥的帮助,进入河南府和太原府,建立摩尼寺。后来回纥势力收缩,洛阳的摩尼教寺院及其财产都被朝廷没收了。

晚唐时,以上三种宗教受到朝廷的直接干预。会昌五年(公元845年),"勒大秦穆护、祆三千余人还俗,不杂中华之风",景教和祆教的3000多信徒被强制还俗。自此,三夷教受到重创,在中国走向衰落和灭绝。

从宗教传播的角度来看,唐代长安等地流行的祆教、景教、摩尼教及佛教等并不是纯粹来自西亚、罗马等的宗教,而是在东传的过程中,受到中亚等地政治、文化等方面影响的宗教。而且,这些带有中亚风格的宗教来到中国后,又受到政治和主流文化的影响,有了中国文化色彩。

最后我给大家留下一些思考:这是宗教从西向东的传播,那么从东向西,中国的宗教又是怎样影响世界的?丝绸之路上,文化的双向交流是怎样的?

唐代艺术的独特魅力

文：廖靖靖

唐代的绘画艺术及其政治气魄：《步辇图》与敦煌壁画

唐朝近300年的历史，留给后人的辉煌包含着民族大融合的多样性和对外来文化的开放性。政治史、军事史是对历史事件的集中回顾，经济史、文化史是对社会面貌的全面反映。盛唐的精神文化和物质文化气魄宏大、异彩纷呈，其最直观的表现在于艺术史上的成就。在之前的章节中，我们已经从历史的角度研究了唐代的城市、饮食、服饰、宗教等方面，接下来我们以唐代的绘画、舞蹈为切入点，进入唐人的精神世界，分析他们的文化选择。

绘画或者扩大到所有的图像，都是研究历史的素材，我们要读万卷书，行万里路，看万张图。如何从画家的作品中挖掘史料？就是要从蛛丝马迹中寻找问题，对照文献史料，做出合理的推测。我们首先来看阎立本所绘的《步辇图》，这是一幅以唐太宗接见迎接文成公主入藏的吐蕃使臣禄东赞为题材，具有写实主义风格特征的绘画作品。步辇是皇帝的代步工具，类似轿子。画中共有13位人物：唐太宗、使臣禄东赞、礼官、译员，以及抬扶步辇宫女6人和撑伞宫女及掌扇宫女3人。画卷背后的时局是吐蕃的崛起和唐朝的贞观之治，进一步而言是唐太宗的民族政策，即大家都很熟悉的"自古皆贵中华，贱夷狄，朕独爱之如一"，这是一种十分开明、友善的民族关系和中外关系政策。

吐蕃的情况是，公元7世纪初，松赞干布通过确立盟誓制度、建立健全职官制度与兵制等一系列手段，稳定政权，不断壮大国力，逐渐统一青藏高原，建立起强大的王朝，并希望与唐朝和亲。分析文献，该历史事件的过程可以概括为：贞观十四年（公元640年），禄东赞作为使臣为松赞干布向唐王朝请求婚约，第一次到达长安。一年后，禄

唐阎立本《步辇图》（宋代摹本）

东赞作为迎接文成公主入藏的使臣到达长安，受到唐太宗的接见。之后文成公主随禄东赞入藏，唐太宗派礼部尚书李道宗送亲。

松赞干布在逻些（今西藏拉萨）与文成公主举办了盛大的婚礼，表示出对与唐朝联姻的重视。《步辇图》描绘的就是禄东赞到达长安七天后，拜见唐太宗的场景。如何从画中获取更多的历史信息？这就与前面讲过的物质文化相关，我们储备的历史知识越多，此处看到的历史信息就越多。以服饰为例，除了唐太宗和禄东赞之外，画面上还有一名典礼官、一名翻译员。这名负责典礼的官员穿着红色的衣服。各个朝代都有一定的服色制度，用以区分着装者不同的等级和身份。结合唐代官员服装颜色的规定，我们就可以考证画中典礼官的品级。这就是具体的历史考察。

很多时候，我们还可以通过绘画考察人物形象和画面背后的时局变动。敦煌壁画是我们研究唐代历史的重要宝库，无论是经卷、壁画还是雕塑造像，都是珍贵的史料。先来对比前代，北魏时期的壁画题材主要是佛本生故事，就是讲述释迦牟尼前生事迹的作品。这些故事画都充满了绝望、悲惨的消极气氛，它们宣扬的共同主题就是佛勇于牺牲自我，拯救苍生。这反映出南北朝时期，老百姓处在苦难的现实生活中，他们把希望寄托在救世主身上。到了唐代，壁画主要以说法图为主，表现释迦牟尼在传递佛法的奥义，场面非常宏大，展现出的是大唐盛世的气息。

如果漫步在敦煌壁画之间，我们会发现一个有趣的现象，就是菩萨形象的变化。菩萨的形象一开始是男性，深目高鼻，留着小胡子；之后变成了女性，体态婀娜，仍然是深目高鼻；再到后来变成了身材丰腴、脸庞圆润的中原女子形象。这与我们之前讨论过的一个问题相关，即佛教的世俗化。这里还涉及敦煌地理位置的重要性，敦煌是外

敦煌壁画中的菩萨形象

来文化进入中原的入口之一，也是丝绸之路上东西物质文明和精神文明相互交流、碰撞的前沿地带。佛教作为外来宗教，最初进入敦煌时还保留着外来文化的色彩，菩萨还是外族形象。逐渐中国化之后，为了更亲近百姓，实现普通大众的愿望，菩萨的形象更加亲切，有了多元化的职能，最后变成了中原女子的形象。

有学者提出，现实中的人的样貌被作为佛教人物形象的模板进行绘画和雕塑创作。比如龙门石窟的卢舍那佛像，卢舍那佛"光明遍照"世间，给众生带来无上光明。这听起来似乎很耳熟，武则天建立武周政权后称自己为武曌，曌就是指"光明普照"。所以，有学者认为龙门石窟的卢舍那佛像就是武则天的模拟像。

通过对《步辇图》的分析和敦煌壁画的概览，从历史学的层面，我们可以知道图像史料的重要性和解读方法；从唐代研究的角度，我们可以看到唐太宗在政治上开明、友善的民族政策，以及佛教走向人间的世俗化。唐代的绘画作品中还有更多的历史线索等待大家去挖掘。

唐代的歌舞风尚与文化开放性：胡旋舞的流行

唐代政治稳定，经济繁荣，对外贸易发达，国内民族之间、中外之间文化交流频繁，是一个舞蹈艺术集大成的时代。唐代舞蹈继承了魏晋南北朝以来的艺术传统，融合中外舞蹈因素，内容丰富，形式多样，风格独特。

为什么要把舞蹈放到唐朝的最后一节来讲呢？这是因为研究歌舞艺术史的难度较大，只有了解了唐代的基本框架和社会文化，才能将遥远的甚至失传的舞蹈具体化，或者说立体化。其中包含的知识点很多，涉及中西交通史、民族史、宗教史、经济史、服饰史和妇女史，还需要与当时的政治事件逐一对应，熟悉唐朝的各阶段特征。所以，我们可以把本小节作为唐史知识的"歌舞联欢"，把所学尽可能多地串联起来，再把它作为对自己的一个检验：通过这些内容的学习，是否学会了历史学的思考方法？

喜好歌舞成为社会风气，皇室代表的社会上层是重要的推动力。唐代的皇帝很多都能歌善舞。唐太宗李世民为秦王时，征伐四方，破刘武周，军中遂有《秦王破阵乐》之曲流传。李世民即位后，曾命人作音律，又命魏徵等制歌辞。贞观七年（公元633年）时，又亲自制作《破阵舞图》，命人依照舞图的描绘教乐工128人披甲执戟而舞。舞蹈有3次变化，每次变出4种阵形。其间，有快速往来击刺的形象，以箫管和鼓伴奏，歌者合唱。该乐曲在汉族传统音乐的基础上吸收了龟兹乐的成分。龟兹是安西四镇之一，位于中西陆上交通要道。唐高宗时制作《上元乐》，"舞者百八十人，画云衣，备五色，以象元气，故曰'上元'"。武后作《圣寿乐》，"舞者百四十人，金铜冠，五色画衣"。在舞蹈过程中，队伍每次变化都排成一个字，16次变化后结束，排出的文字为"圣超千古，道泰百王，皇帝万年，宝祚弥昌"。再如宣宗时"每宴群臣，备百戏。帝制新曲，教女伶数十百人，衣珠翠缇绣，连袂而歌"。宴会中，数十百名穿着华美的歌女齐声合唱，很是壮观。

在众多历史现象之下，我们进一步思考，皇帝们为什么热衷于舞蹈？除了艺术欣赏之外，需要考虑古代舞蹈特别是宫廷舞的特殊意义。这就涉及一个重要的问题，一个很大的研究领域：礼乐。礼是指各种礼节规范，乐则包括音乐和舞蹈。礼乐文化从祭祀文化发展而来，后来成为王朝教化的一部分。唐代时，乐舞相关机构有太常寺、教坊、梨园、宜春院等，集中了大量技艺高超的乐舞伎人，重视舞蹈技巧的培养和训练。

皇帝喜好舞蹈，妃嫔自然多凭借舞艺提高自己的身份。唐玄宗宠爱的梅妃因为通晓乐舞，被高力士在开元初年选入皇宫，玄宗称赞她"吹白玉笛，作惊鸿舞，一座光辉"。而杨贵妃又胜梅妃一筹，"太真姿质丰艳，善歌舞，通音律，智算过人"。我们还可以从每年除夕之夜的大傩之礼领略宫廷舞蹈之风，这是驱赶鬼怪、疫病的面具舞，一人扮"方相氏"，头戴假面，上穿黑衣，下穿红裳，身蒙熊皮，高呼咒语，放声高歌，作驱赶群鬼之状。另有多名少年扮"侲子"和"执事"，应声相和，一边呼叫，一边挥舞。

宫廷之外，唐代官僚士人也有舞蹈之风。武则天时期的佞臣杨再思跳起高丽舞，皆合节律。武则天的侄孙武延秀通晓突厥语，史料记载："常于主（安乐公主）第，延秀唱突厥歌，作胡旋舞，有姿媚，主甚喜之。"顺宗时的尚书韦夏卿有家伎泰娘，刘禹锡作《泰娘歌》赞叹她"舞学惊鸿水榭春，歌传上客兰堂暮"。如此氛围之下，平民百姓中歌舞高手辈出。讲到这里，少数民族舞者们即将登场。

唐代丝路繁荣，极大地促进了中原与域外文化的交流与融合，其中最有代表性的是胡乐与胡舞，传入后，盛行于中原。令人印象最为深刻的当数胡腾舞、胡旋舞和柘枝舞。当时的舞蹈分为健舞和软舞

彩绘釉陶乐舞俑

两大类：动作比较快捷、刚健、爽朗的称为健舞；动作比较舒缓、安详、温婉，表情比较细腻的叫作软舞。敦煌壁画中唐代以及其后的乐舞，明显有这两大类舞姿。壁画中，有的舞伎手指和脚趾用力屈张，身后的飘带因舞动的节奏快、力度大而卷出花朵，这显然是健舞；有的舞伎则右手微微下垂，左手握飘带，线条柔和，身体婀娜，用白居易的诗句"小垂手后柳无力，斜曳裾时云欲生"来形容恰到好处，这一类则属于软舞。

胡腾舞、胡旋舞和柘枝舞都属于健舞，从西域诸国传入，具有游牧民族豪放健朗的性格特征，与唐代的时代精神相吻合。我们主要讲胡旋舞。胡旋舞源于西域康国（今乌兹别克斯坦共和国撒马尔罕一带），流行于中亚及西北少数民族地区。形象地说，胡旋舞是一种立在小圆毯子上不停地快速旋转的舞蹈。

《旧唐书》中记载过一段胡旋舞的表演，表演者是安禄山，"晚年益肥壮，腹垂过膝，重三百三十斤，每行以肩膊左右抬挽其身，方能移步"。他"至玄宗前，作胡旋舞，疾如风焉"。如今，新疆一带维吾尔族、乌孜别克族的民间舞蹈仍保留着快速旋转的特点，伴奏也

以鼓为主，虽然名称不同，但从中还可寻觅胡旋舞当年的影子和风采。胡旋舞受到中原人士的喜爱，但是它代表的胡风在安史之乱后被深刻反思。在唐玄宗面前表演舞蹈的安禄山起兵反唐，彻底扰乱大唐前进的步调，国家由鼎盛跌入衰败。叛军攻占河北、洛阳，唐军千里大溃败，唐玄宗只能率群臣出逃。直至叛乱平息，安史之乱对唐代之后的140余年仍有影响。

总体来看，有唐一代崇尚舞蹈，这是唐代社会精神风貌的体现，它反映出大唐的繁荣昌盛及其豪迈开放的时代特征和兼容并蓄的文化政策。外来舞蹈的盛行为唐人的艺术文化生活注入了活力，但是伴随着朝代的衰落和社会的转型，社会风尚又逐渐回归传统。通过本节的学习，希望大家于辉煌背影中感悟艺术之融汇与变化，于朝代更迭间思考唐代的鼎盛与困局。

何谓五代十国？

文：宁欣

　　五代十国与前后的唐朝和宋朝相比，似乎是两个高峰之间的低谷，而且这段时期的归属似乎还存在争议，是往前走归到唐代，还是往后走归到宋代呢？唐史研究者往往把隋唐五代史作为一个完整的历史时期，而宋史研究者则认为五代两宋更符合历史发展的趋势。五代十国属于唐抑或属于宋，似乎是一个两难的问题，其实也是一个有趣的问题，这说明不同学者对这个时代有不同的历史定位，也留给后人无限的思考空间。这个时代是一个非常丰富的时代，既有热衷于"千刀万剐"即凌迟处死等酷刑的暴君，也有凭"君王城上竖降旗，妾在深宫那得知。十四万人齐解甲，更无一个是男儿"一诗令男儿无不汗颜的豪情女子花蕊夫人。一代名画《韩熙载夜宴图》中展示的夜夜笙歌、纸醉金迷的奢靡与颓唐也是这一时期的特点，还有海上丝绸之路的蓬勃崛起与沿海商贸城镇的兴旺发达。

五代君主个个都有故事，只是我们把目光更多地放到了唐太宗、唐明皇、宋太祖、宋徽宗等人的身上。也难怪，这些名君有着更辉煌耀眼的历史光环，而五代的帝王们在很长时间内，被大多数人冷落在历史的角落，除了人人都会背的那首词"问君能有几多愁，恰似一江春水向东流"使人追溯作者而知名的南唐后主李煜。那么，五代十国的真实情况是什么样子？如何认识和评价这段历史？让我们拨开迷雾，揭示真实的五代十国。

南唐顾闳中《韩熙载夜宴图》（宋代摹本）

北方的朝代更迭

五代十国指的是从唐朝灭亡到北宋建立，即公元907年到公元960年这段时期。

这个历史阶段因为出现了南北方多个政权并立的格局，因此被划到中国历史上几个分裂割据的时代中。这段时期的历史，始于公元907

年，已掌控朝政的宣武军节度使朱温杀死唐朝最后一个皇帝唐哀帝，自立为帝，建都汴州（今河南开封），国号梁；结束于公元960年，担任禁军将领的赵匡胤策动"陈桥兵变"，取代后周，建立北宋王朝。前后共历时53年。这一时期，北方黄河流域相继出现了5个政权，即由朱温以河南为根据地灭唐后建立的后梁；割据河东的沙陀人李存勖灭后梁建立的后唐；河东集团的沙陀人石敬瑭引契丹为援，叛唐建立的后晋。此后，河东集团的另一位沙陀人，太原留守、河东节度使刘知远继续南下，灭掉后晋建立后汉。灭亡后汉的是后周，与前几次朝代更迭比较，后周代替后汉发生了两个变化：一是建立后周的郭威，包括其继任者柴荣，不再是沙陀族人，而是汉人；二是郭威也不再是以太原为根据地南下争夺中原的河东集团势力的代表，而是任职枢密使、邺都留守，也就是说后周是从中央起兵的。而五代的前4个王朝是从地方节度使起兵的。后周建国后，太原势力的代表河东节度使刘崇南下未成，建立了北汉。当然这是后话。上述依次建立的后梁、后唐、后晋、后汉、后周，即五代。

南方局势

十国则是指唐朝灭亡后，南方各地方节度使依托所辖地区相继建立的九个政权，再加上一个北方政权——北汉。南方先后建立的政权为吴、南唐、前蜀、后蜀、吴越、闽、楚、南汉、南平（又称荆南），其中吴和南唐、前蜀和后蜀是同一地区先后建立的政权。十国中，只有北汉位于北方，建国比其他九国都晚，主要统治区域是今天山西的中部和北部。我们熟知的杨家将、杨老令公杨业就是北汉的将领，后降服于北宋，成为宋朝的抗辽名臣。

南方九国，具体来看，今四川地区是前后相继的前蜀和后蜀；江淮地区是吴和南唐相继统治，最盛时，辖区包括今江西全省及安徽、江苏、福建、湖北、湖南等省的部分地区，是南方九国中版图最大的；吴越国的统治区域大体为今浙江全省、江苏南部、福建东北部；今福建地区主要由王氏家族统治，国号闽；统治今湖南地区的为楚；统治岭南地区（今广东、广西及越南北部）的为南汉；夹在几个大国之间的是南平，统治范围是今湖北的江陵、公安一带，是九国中面积最小的。

这一时期，政权众多，有并立，有前后继立，相互统属关系也错综复杂。由于资料零散，加上整个时代本身就不长，各政权存续的时间也很短，如北方的5个政权，存续时间最长的后梁不过存在了16年，南方九国中吴越存续的时间最长，从公元907年到公元978年，也不过71个年头，因此这段时期的历史往往被人们忽视。这一时期经常被视为由唐到宋的过渡时期，没有受到应有的重视；还常常因政权迭立、政局错综复杂、战事不断，被称为大混乱、大破坏时期，认为这一时期"上有暴君，下有酷吏"，难怪前人称之为"五季"（即末代）。北宋政治家、大文豪欧阳修在修《新五代史》时，常用"呜呼"开头，似乎也表明他在主持撰写这段历史时感到悲哀与无奈。

各国概说

那么，我们到底应该如何认识和评价这段历史呢？

与中国历史上的其他时代相比，五代十国是一个分裂割据的时期，又是一个短命的时代。自秦始皇建立统一的专制主义中央集权国家后，一直到鸦片战争为止，2000多年的历史中，统一的王朝有秦、西汉、东汉、西晋、隋、唐、北宋、元、明、清等。虽然我们列举的各统一王朝统治区域的大小不同，与周边其他民族政权的关系、地理格局也不同，但它们都基本维持了以中原地区为核心的统一局面。分裂的时代依次为三国、东晋十六国、南北朝、五代十国。其中，三国时期虽然三国并存的时间只有34年，但从董卓之乱到最后西晋平定吴，最终实现统一，历时90年。东晋十六国则延续了120多年，南北朝延续的时间长达170多年。即便北宋统一后才最后平定十国之一的北汉已经是公元979年的事情，五代十国仍然是所有分裂割据时代中延续时间最短的，也是中国古代史上最后一个分裂割据时代。此后，再出现地方坐大、军阀割据的局面时，中国古代的历史早已结束，是民国时期的事了，距离五代十国已经过去了近千年。下面我们就来看看五代十国的各个政权是如何形成和建立的。

人们常说五代十国是唐后期藩镇割据的延续，从各政权建立者的身份看，还是有一定道理的。我们以五代十国的几个开国皇帝为例来分析。

五代第一个政权后梁的开国皇帝朱温，原是唐末农民起义首领黄巢的部下，后投降唐朝，多次打败起义军，晋升至汴州刺史、宣武军节度使，成为掌控中原冲要地区的一方诸侯。在扫平起义军和吞并其他藩镇势力后，朱温的势力逐渐膨胀，其野心也在膨胀，后晋爵为梁王，并逼迫唐昭宗强行迁都洛阳，最后废掉昭宣帝（也就是哀帝，唐朝最后一位皇帝），正式即皇帝位，国号大梁，升汴州为开封府，定为都城。

五代中版图最大的当数后唐，国力最强的当数后周。但西北有河

西地区的归义军，东北有契丹的崛起，后晋时又割让燕云十六州，后周时有北汉割据太原一带，再加上和南方争夺四川、江淮等地区，互有盈缩。

十国吴的建立者杨行密，唐末为淮南节度使，后被封为吴王，不仅控制江淮地区，还有效地阻止了朱温南下的攻势，为吴国的建立奠定了基础，被誉为"十国第一人"。杨行密的第四个儿子杨溥称帝后，追尊杨行密为武皇帝。

明人摹钱镠像

吴越的建立者为唐末镇海、镇东节度使钱镠，唐亡后接受后梁的封号为吴越王，其继任者一直沿用，没有称帝。

前蜀的建立者王建，为唐末西川（今四川西部）节度使，后被封为蜀王，朱温代唐后，自立为帝，国号大蜀，史称"前蜀"，以区别此后孟知祥建立的后蜀。

南汉的奠基者是唐末静海军节度使刘隐，唐亡后臣服后梁，逐渐平定岭南诸势力，又从南汉和楚手中夺取了容、邕两管（今广西西部、南部及广东部分地区）。刘隐去世后，其弟刘岩继位，于公元917年称帝，国号汉，史称"南汉"。

楚国的开创者是唐末武安军节度使马殷，唐亡后接受后梁的封号为楚王。此后父死子继，或兄弟相代。虽然楚的统治者始终没有称帝，但与其他九国的性质一样，楚是以湖南为中心的割据王朝。

闽的建立者为王潮、王审知兄弟，由于实际已经控制了福建地区，王潮被封为威武军节度使，死后其弟王审知继任，唐亡后接受后梁的封号为闽王。

南平的情况比较特殊，其建立者高季兴为朱温的属下，朱温代唐后，封他为荆南节度使。后唐灭掉后梁后，高季兴又向后唐称臣，被封为南平王。南平夹在几大强国之间，地狭国弱，靠着向周边强国示弱、称臣维系统治，也持续了几十年。

王氏族谱中的王潮画像

十国中唯一的北方政权北汉，是五代后汉高祖刘知远的弟弟、河东节度使、太原尹刘崇在后周取代后汉后建立的割据政权，据有今山西中部和北部，存续时间仅20多年，被北宋灭掉。

如果我们必须赋予五代十国历史一个时代之字，可能有人会用"乱"字来概括这段历史，但我认为应该加一个"变"字才更贴切。但聚焦于"变"时，人们往往会集中考虑五代十国本身的变化，从统治者到普通民众，从政治举措到经济发展，从文化流变到科技创新。我们能否将视野拓宽，放眼于整个东北亚？这样才更能看清五代十国到底处于什么样的大变局中，这一变局给当时的人们带来了什么，他们又是如何促进这一变局发展的。

都城与地气：东北亚格局的变迁

文：宁欣

政治中心和军事重心的东移

与秦、隋、唐的地图相比，五代十国的地图发生了什么变化？从秦到唐，统一全国或北方的中原王朝的都城基本在长安和洛阳之间移动。统一王朝如秦的都城是咸阳（即长安），西汉的都城是长安，东汉的都城是洛阳，取代曹魏的西晋的都城也是洛阳，隋的都城是大兴（即长安），唐的都城是长安。仅统一北方的王朝如前秦的都城是长安，北魏的都城是洛阳，北周的都城是长安。

那么，我们看看五代各朝都城的选址与此前的王朝相比，发生了什么变化。

北方的五代各朝，后梁的都城为开封（汴州），继之的后唐选择了洛阳作为都城，但此后的后晋、后汉和后周又把都城重新选在开封。后梁、后晋、后汉和后周都定都开封，称之为"东都"或"东京"。回顾一下隋唐两朝，西京是指长安，东都则为洛阳。按照著名学者严耕望的说法，隋唐时期的轴心是东西向的，轴的两端即为长安和洛阳。那么，五代时期的开封是"东京"或"东都"，"西京"已经不是长安了，而是洛阳。如果轴心还是东西向的话，那么政治中心和军事重心已经开始向东迁移了。当然，最后正式迁移到东北，即今天的北京一带，则是在元朝建立后的公元1271年，此后这一格局一直延续到今天。从大西北迁移到东北地区，其实不仅仅是都城地点的选定，这件看似一瞬间决定的事，前后经历了500多年时间。我们这一章讨论的五代十国时期，虽然在500多年的长河中只占约十分之一的时间，却是不可或缺甚至关键的十分之一。

清代学者赵翼云："地气之盛衰，久则必变。唐开元、天宝间，地气自西北转东北之大变局也。"很多人都看到了唐中叶以后发生的变化，如国学大师陈寅恪先生就指出："唐代之史可分前后两期，前

《清明上河图》，反映的便是北宋都城开封的盛景

期结束南北朝相承之旧局面，后期开启赵宋以降之新局面，关于政治社会经济者如此，关于文化学术者亦莫不如此。"这是他在《论韩愈》一文中说的。如果说陈寅恪先生的论断重点在中国历史内在的变化上，那么赵翼的"地气"说已经涉及东北亚格局的大变动了。

把这种变化归结为"地气"，赵翼是第一人。但是，当我们理解和诠释这句话时，不要简单地把"地气"归结为时运、气运等虚无缥缈的东西，而要具体分析。赵翼的论断其实告诉我们，古代中国的重心已经从秦始皇以来的西北逐渐向东北转移了，当然主要是指政治和军事重心，经济重心主要是向东南移，这是我们另外一节的论题。

陈寅恪先生的经典之作《唐代政治史述论稿》的下篇《外族盛衰之连环性及外患与内政之关系》是我们理解赵翼"地气"说的依据，也是我们把握五代都城变化与"地气"转移关系的依据。

那么，应该如何解释"地气"说呢？如何把握五代都城的变化和"地气"变迁的关系呢？

都城不离根据地

为什么自秦始皇统一中国以后，到唐中叶以前，中国历史发展的重心和中心都在西北呢？秦始皇建都咸阳，刘邦建立西汉后，定都长安。此后虽然出现大的分化、动荡，但是隋结束了近400年的分裂历史以后，定都长安。唐朝继隋而起，仍然定都长安。因此，中国自秦到唐，政治中心和军事重心都偏在西北。

为什么从秦始皇到唐高祖都把都城选在长安呢？为什么政治和军事的重心都偏在西北呢？请大家思考一下，在传统社会，一个统治集团建立了王朝，要选择都城的位置，主要考虑哪些方面的问题？很多人可能会说经济条件要好，要易守难攻，交通要便利。上述这些问题对一个统治集团选择都城来说确实很重要。但是，就中国传统社会来讲，自秦到唐的统治者之所以选择关中，其实还有两个重要的条件，或者说两个重要的原因。第一，新建立的王朝，其统治集团要考虑根据地问题，也就是起家之地。不管是秦始皇，还是隋文帝、唐高祖，关中都是他们的根据地，是起家之地。因此，一般把隋唐的统治集团称为关陇集团。他们立足于关中，统治基础在关陇。这是第一个条件，看根据地在哪里。

西汉刘邦定都在长安，为什么东汉刘秀定都在洛阳，而没有定都在长安呢？从根据地的条件来看，就知道刘秀依靠的是河南地主集团的武装力量，所以他的根据地在河南，关中不是他的根据地。因此，他在选择都城位置的时候，根据地恐怕是最重要的因素。

我们再往下看，唐之后进入藩镇割据的五代时期。五代的第一个朝代后梁的建立者朱温，为什么定都开封呢？朱温降唐后，建立军功，被唐朝封为宣武军节度使，驻守汴州，这里是他的根据地。五代中，除了后唐定都洛阳，其他四个朝代都定都开封。整个政治中心已经转移，五代君主不属于关陇集团，所以关中不是他们的根据地。而结束五代的赵匡胤，是从中央禁军起家的，因此开封是他的根据地、起家之地，因此北宋的都城定在开封，也可想见。

"东移"带动"东移"

第二个条件也很重要，即这个政权或者国家面临的威胁主要来自何方。中国历史上中原王朝受到的威胁主要来自何方？主要来自北方。蒙古高原上的草原游牧民族通过一次一次波浪式的南下，对中原王朝，对以汉民族为核心的政权造成巨大威胁，甚至进入中原建立王朝。北方在魏晋南北朝时期有五个少数民族，史称"五胡"，曾经使整个中国南北地区的格局发生重大变化。他们陆续进入中原地区，在北方建立了多个少数民族政权，甚至统一了北方。如氐族建立的前秦政权、鲜卑族建立的北魏政权，都在北方实现了统一。后来蒙古族建立的元朝和女真族（满族）建立的清朝，相继统一了整个中国。这样，北方草原民族就和中原地区的政权、民众发生了频繁的交流、交往，当然很多时候是通过战争和掠夺的方式，也有可能是进行通婚、友好往来等。

北方草原民族的生活习惯和社会组织使他们很容易形成一股强大的政治军事力量，全民皆兵。为什么在唐中叶以前，中原王朝的政治中心和军事重心都偏在西北呢？早期兴起的草原民族，除了匈奴的来源尚未有定论，其他民族基本的发展态势是逐渐东移的三条线，即偏西北的阿尔泰山的西线、呼伦贝尔草原的中线，以及大小兴安岭、

契丹画家胡瓌《卓歇图》局部，描绘了草原民族在狩猎间隙宴饮的情景

长白山的东线。北方草原民族基本的活动方式是从山间到山下，再进入漠北，再进入漠南。他们南下的发展路线是跨过阴山，进入河套地区，也就进入了整个中原王朝的腹心地带。面对南下的草原骑兵，中原王朝已无屏障可恃。阴山不是很险峻，骑兵很容易上去。而且阴山的各山之间是有山口的，有水的时候是水，没水的时候是白色的砾石，称为"白道"，可以通马队。因此，如果北方草原民族的骑兵越过了阴山，中原王朝基本无险可守。而河套地区更是水草丰美之地，是草原民族向往的地方，尤其是当气候转入寒冷期时，河套地区更是他们追逐的牧场。因此至少在唐中叶以前，中原王朝的主要威胁来自北方的偏西部地区，在很长时间里，中原王朝必须把政治和军事的重心放在西北。从什么时候开始发生变化了呢？应该说从魏晋南北朝时期就开始了，但真正的变化是发生在唐中叶以后。我们看到，从鲜卑族南下起，北方草原民族的南下路线就开始向东移动了，进入漠北，进入漠南，跨过阴山，通过辽河中下游，进入内地。从唐中叶以后，中原王朝的政治中心和军事重心也逐渐向东北方向转移。五代正是处于这样一个大变动时期，五代都城的逐渐东移也正是这一历史趋势的反映。可以说，北方草原民族的逐渐东移，以及东北民族的逐渐兴起，使中原王朝受到的威胁明显增大，引起中原王朝政治和军事重心向东及东北移动。如果往前追溯到隋朝，隋炀帝之所以不恤民力开凿大运河，还拐一个弯，修永济渠至涿州（今北京地区），也是为了解决东北地区的战略物资和兵员运输问题。

政治和军事重心转移还有一个重要原因，唐中叶爆发的安史之乱迫使唐王朝将原驻守西北的精锐部队悉数内调，边防空虚，青藏高原的吐蕃趁机占据了河西走廊，控制了天山南北，并对长安时有侵扰，中原王朝政治和军事重心的转移也就势在必行。"地气"的转移不仅是指中原王朝重心的转移，也指东北民族的崛起，这影响了此后1000多年的政治与军事格局。

因此，五代各朝虽然仍属于统治北方的中原王朝，但与隋唐两朝相比至少有两点不同：一是西北地区的党项已经崛起，河西地区又有归义军节度使和甘州回纥等割据势力；二是东北地区前有河北藩镇的割据，后有活跃在此地区的契丹族建国，即辽国。辽国又利用中原王朝汴州集团与太原集团之间的矛盾，从后晋石敬瑭手中割取了幽云十六州（今北京、天津全境，以及河北北部地区、山西北部地区），并不断南下侵扰，对中原地区造成巨大的威胁。中原王朝处于西北和东北地区割据势力与民族政权的包夹中，所控制的区域明显内缩，政治和军事重心只能转移到汴州，守住中心，兼顾西北和东北，基本呈战略防御态势。这种格局发展到北宋时，形成宋、西夏、辽三国并峙的局面。

五代的君主还有一个特点，后唐、后晋、后汉的统治者都是北方的沙陀族人。沙陀族为西突厥别部，唐后期崛起于代北（今山西北部及河北西北部一带，之所以称作代北，是因为这个地区位于唐朝代州北部及以北地区）。沙陀人曾助唐镇压黄巢起义，势力渐强，接受了唐朝的封号，成为盘踞代北的割据势力。后唐、后晋、后汉政权都是从太原起家，南下与开封势力争夺中原，最后取而代之。汴州集团屡败于太原集团，其实与契丹（辽）的兴起有密切关系，如后晋开国皇帝石敬瑭就是以割让幽云十六州为代价换取了契丹的支持，从而南下灭亡后唐的；而后晋又是直接亡于契丹之手。后周郭威取代后汉，北宋赵匡胤取代后周，都是以率大军征辽为名，途中发动兵变，返回开封后称帝建国的。

太原集团与汴州集团的争夺贯穿于整个五代，直到后周建国，留守太原的刘崇也自立为帝，建立北汉，但南强北弱，后周时期的太原集团已经不具备南下与汴州集团争夺中原的实力了。太原残余势力北汉只能臣服于日益强大的辽国，伺机南侵，但基本无功而返。宋太宗在公元979年灭掉了盘踞太原的北汉，最终结束了太原集团与汴州集团的中原之争。随着辽国的崛起，北方地区争夺的主要战场实际已经向东北方向转移了。因此，五代政权的更迭不仅与太原集团和汴州集团的争夺有关，也与北方诸民族的动向有密切关系。

石敬瑭像，出自明王圻《三才图会》

豪门世家的陨落与统治阶级的更新

文：宁欣

统治阶级的更新问题，在中国历史上是一个大问题。而隋唐五代是一个非常关键的转变时期，这个转变也使中国历史呈现前后不同的面貌。

隋唐开创者的家族渊源

陈寅恪先生专门论述过唐初到武则天时期统治阶级的升降，关陇贵族和山东庶族以及李唐和武氏集团的博弈。这还只是不同等级的贵族之间的较量，后梁代唐则使南北朝以来的士族彻底退出了历史舞台，北宋则开启了新的官僚士大夫的时代，也有人概括为官僚政治取代了贵族政治。这也是一个漫长的历史过程，从唐初一直持续到北宋的建立，应该说这一过程才走完。科举制的产生和确立、均田制的崩溃、税收原则的改变，都是这一历史过程的组成部分。

我们知道，魏晋南北朝时期，门阀士族形成，在政治、经济、社会和文化各方面都居垄断地位。当鲜卑族统一中原建立北朝王朝时，他们为确立本族华夏的正统地位，采取了一系列汉化措施，其中重要的改革就是改汉姓和确定鲜卑贵族的门阀士族等级。皇族拓跋氏把自己的先祖追溯到黄帝，改姓为元氏，列为最高等级。其他鲜卑贵族也按照门阀制度依次改姓和确定士族等级。

五代之前是隋唐两朝，建立隋朝的杨氏和建立唐朝的李氏都属于关陇军事贵族集团，也都具有北方少数民族血统。根据他们自己的记述，或是经过他们认可的记载，杨氏家族可追溯到弘农杨氏一支。弘农地处长安、洛阳之间的黄河南岸，西汉设弘农郡，范围大致为今天河南西部的三门峡市、南阳市西部，以及陕西东南部的商洛市。东汉时，弘农杨氏"四世三公"，几代都有人位列高官，是魏晋南北朝著名的门阀士族之家。杨坚家族就将祖上挂靠在弘农杨氏上，称是东汉著名宰相杨震的十四世孙。其实陈寅恪先生已经有考证，认为这不过是附会之举，杨坚家族顶多是山东寒族，而且有北方民族血统。杨坚的皇后是独孤氏，独孤一族是北方鲜卑族的一个部落，独孤皇后的长子杨勇和后来即帝位的次子隋炀帝杨广，自然都有北方民族血统了。

虽然附会、挂靠之举的漏洞很容易被发现，但在杨坚和李渊当皇帝前，不论是杨家还是李家，都已经历经几代高官显贵，属于关陇军事贵族集团的核心家族了。杨坚的父亲杨忠是西魏十二大将军之一，是支持宇文泰取代西魏建立北周的主要功臣，为北周的柱国大将军，封隋国公。从杨忠开始，杨氏家族成为关陇新贵、核心家族。杨坚袭爵隋国公，夫人独孤氏是西魏八大柱国之一独孤信的女儿，长女杨丽华是北周宣帝的皇后（天元皇后）。取代北周前，杨坚已经实际掌握了朝政大权。

再看建立唐王朝的李渊，他自称是十六国时期西凉开国君主李暠（hào）的七世孙，而李暠自称是西汉名将李广的儿子。总之，当时的风气是越往上追溯越好，说明家世背景深厚，为大族望门之后。陈寅恪先生考证，李氏家族并非出自西凉王室与关陇贵族李氏，只是河北赵郡李氏的一个小支系，正所谓赵郡李氏之破落户，而此支系所处地域即在鲜卑拓跋氏北魏政权治下。陈寅恪先生断言，李唐皇室之祖，或是汉人被赐以鲜卑名，或是鲜卑人被赐以汉姓。李渊的皇后是窦氏，也是在北魏孝文帝汉化改革时改的汉姓，本族是鲜卑族，因此包括李世民、李建成、李元吉在内的几个儿子也都有北方民族血统。李渊的祖父、李世民的曾祖父李虎，是西魏八大柱国之一；李渊的父亲李昞，封唐国公，是北周的柱国大将军。李渊的母亲独孤氏，其家族是北朝以来的望族，其母亲的长姐为北周明帝宇文毓的妻子，七妹为隋文帝的皇后，可见其母系一支是更为显赫的家族。

我们再回到五代，对比前朝，才会知道统治阶级这个群体都发生了什么变化。我们在前面讲到了各

西凉开国君主李暠像，出自《安徽黟县鹤山李氏宗谱》

朝开国君主的经历，主要是从五代十国是藩镇割据的延续这个角度考察的。这一节我们重点考察统治集团的社会成分发生了什么变化。

兵强马壮当天子

先看五代的君主。

后梁的开国皇帝朱温，安徽人，出身贫寒。《旧五代史》的本传虽然把朱家的先祖上溯到遥远的舜时代的司徒，但也记载了从朱温的高祖、曾祖、祖父到父亲，都无一官半职。朱温的父亲早早去世，他幼年只能随母亲以佣工身份给地主刘崇家放猪。黄巢起义爆发后，他投奔起义军，因屡建战功而不断升迁。黄巢攻进唐都城长安后，朱温又升任同州防御使，驻守今陕西渭南一带地区，屡屡与邻近的今山西西南部的河中节度使王重荣交战，屡战屡败后，多次求援，没有结果，愤而投降了唐朝。后被唐僖宗赐名朱全忠，成为镇压起义军的主力，又被任命为宣武节度使、汴州刺史。汴州就是现在的开封，也成为他的根据地。朱温逐渐吞并中原地区的其他藩镇，并在与太原势力李克用的争战中取得优势。又胁迫唐昭宗迁都洛阳，先后杀死昭宗和哀帝，最终取代唐朝，建立了后梁，正式开启了五代十国的历史。朱温既无深厚的家世背景，也无任何资产，应该属于赤贫阶层。在风云际会的唐末，朱温因军功而崛起为一代枭雄并登上皇帝宝座，正是这个时代统治阶级此起彼落的缩影。

后唐统治集团是由以太原为根据地的沙陀族人组成的，奠基者李克用唐末时被封为晋王，长期与占据汴州的朱温对峙。其子李存勖建立后唐，继续与朱温争战，最终南下取而代之。后唐李氏为沙陀贵族，李克用的父亲原名朱邪赤心，唐懿宗赐姓名李国昌，此后承袭李姓，并宣称立志恢复李唐王朝，因此建国后仍称"唐"，并从形式上尽量采用唐朝的旧制。赐国姓的举措，后世一直沿用。

后晋的开国皇帝石敬瑭，生于太原，也是沙陀族人。关于石氏家族的渊源，也有着类似附会的说法，但并没有落实。石敬瑭当上皇帝后，把自己的先祖追溯到春秋时的卫国大夫石碏、汉景帝时的丞相石奋，解释说，因汉末京城动乱，石氏子孙只好避难到西北，定居甘州（今甘肃张掖）。石敬瑭的父亲跟随李克用作战，因功升迁至洺州刺史。李克用的养子李嗣源，即后来后唐的第二代皇帝明宗，当时任代州刺史，非常赏识石敬瑭，还把自己的女儿嫁给他。石敬瑭就一直跟随李嗣源征战，最终辅佐李嗣源登上帝位。因屡次建功，官至兼任侍中、太原尹、北京（今太原）留守、河东节度使，从而控制了以太原为核心的河东地区。为了换取契丹的支持，割让燕云十六州。最终，石敬瑭借助契丹的力量南下取代了后唐，建立后晋，他也因为奉契丹国主耶律德光即辽太宗为父皇，成为历史上有名的"儿皇帝"。

后汉的建立者是后晋河东节度使刘知远。历史仿佛在循环中前进。刘知远也是沙陀人，出身贫寒，冒姓刘，原在李嗣源手下当兵，

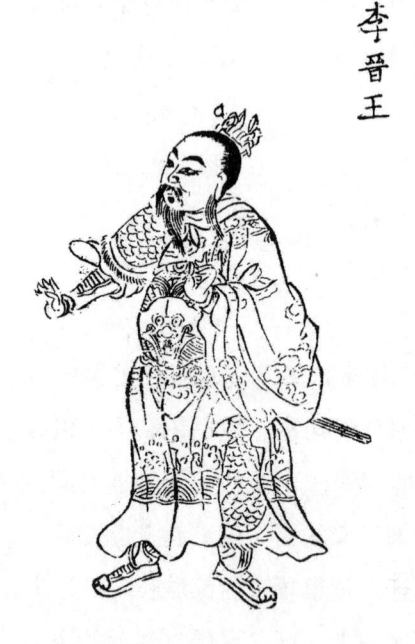

李克用像，出自《残唐五代史演义》

据说最初是充当马奴，因在战争中救过石敬瑭，被石敬瑭招至麾下，一路升迁，最后也官至北京留守、河东节度使，乘后晋末年混乱之机，在太原称帝，建立后汉。后南下开封，取代后晋，确立了后汉对中原的统治。虽然刘知远也把自己的先祖追溯到东汉的皇族，但其实来历不详。

后周的建立者郭威，士兵出身，脖子上刺有一只飞雀，因此被称为"黥面天子"。郭威的父亲曾担任李克用的顺州（今北京顺义）刺史，后为割据幽州的刘仁恭所杀。当时郭威才几岁，跟着母亲艰难度日。为改变命运，郭威也是走的从军这条路。几经辗转，做了刘知远的亲军将领。刘知远建立后汉当上皇帝后，郭威因功当上枢密副使。刘知远死后，其子刘承祐即位，即后汉隐帝，郭威又升至枢密使、邺都留守。后打着"清君侧"的旗号在部下的拥护下起兵造反，最终汉隐帝被杀。郭威又借口北上抗击契丹，在澶州发动兵变，黄袍加身，回师开封，正式建国，国号大周。人们对赵匡胤的黄袍加身比较熟悉，其实郭威已经先行一步，只是他没想到，他建立的后周王朝也是被麾下大将采用黄袍加身的方式取代，出兵的借口也是攻打契丹。

如果再往下捋一下，北宋的开国皇帝赵匡胤，从史书记载来看，应该出身平民家庭，往上数几代都没有做官的。民间传说他年轻时到处游历，没有固定居所，曾在一座庙里栖身，遇到一个老和尚给他看相，预言他北上会有奇遇。于是，赵匡胤投奔了当时任后汉枢密使的郭威。后周建立后，赵匡胤屡立战功。郭威死后，养子柴荣即位，病重时，任命赵匡胤为殿前都点检，统掌禁军。柴荣死后，年仅七岁的柴宗训即位。赵匡胤借北上抗击契丹和北汉联军之机，行军到距离开封不远的陈桥驿，发动兵变，再次上演"黄袍加身"，回师开封，改朝换代，建立了大宋王朝。

由上可知，五代的开国君主后梁朱温出身贫贱，后唐、后晋和后汉的建立者都是沙陀人，除了后唐李氏还属于沙陀贵族外，建立后晋的石敬瑭和建立后汉的刘知远都出身寒微。后周建立者郭威的出身也如此。他们都是靠从军走上发达之路的，没有一个是南北朝和隋唐以来的世家大族或公卿之后。

因此，从中古时期统治阶级更迭的现象来看，社会发生了很大的变化。后晋成德节度使安重荣的说法代表了割据一方藩镇的普遍心声，安重荣非常跋扈，他叫嚣："天子宁有种邪？兵强马壮者为之尔！"意思就是说，只要有军事实力，谁都能当天子。事实也确实如此，旧的士族已经让位于新的军阀集团。

十国君主何出身？

再看南方九国与北汉的情况。

吴国的杨行密，出身贫苦，幼年丧父，唐末参加江淮地区自发的叛乱组织被捕，出来后又应募投军，后在军中起兵，占据庐州，被唐任命为庐州刺史。他据此继续扩充势力和地盘，被唐封为吴王。杨行密死后，其子杨溥自立为帝。

南唐的建立者李昪，原名徐知诰，出身微贱，父亲在战乱中失踪，母亲又早早去世，幼年流浪，只能寄居在寺庙中。后被杨行密收为养子，因杨行密的其他儿子不能容他，转由杨行密的部下徐温领养，就此改名。后来在吴成为镇守一方的大将，最后终于取代吴建国，自称唐宪宗之子建王李恪的四世孙，因此国号为唐，改为李姓。

吴越的开国君主是钱镠，钱家世代以种田打鱼为生，钱镠少年时还贩卖过私盐，后来从军，逐渐坐大，成为一方割据势力。

闽国的建立者是王潮，农民出身，唐末曾做过本县的小吏，宣称自家为琅邪王氏后裔，加入趁乱而起的地方武装，其领导人王绪为屠夫出身。后王潮的势力逐渐发展，成为割据福建地区的军阀。

钱镠铁券（唐昭宗赐予的免死金牌）

南汉的建立者刘隐，祖籍河南，祖父到南海经商，于是在泉州定居。也有说刘家是大食（阿拉伯）商人的后裔，还有说是岭南本地的蛮族（当地的少数民族）。刘隐的父亲刘谦唐末为广州牙将，全家又迁居岭南。刘谦和刘隐先后都效力于唐末的地方军阀势力，逐步官至岭南节度使，为建国打下了基础。

楚国的建立者马殷，家境贫苦，少年时做过木工，自称东汉伏波将军马援之后。唐末投奔叛唐的军阀秦宗权，后辗转到湖南发展，势力壮大后，接受唐朝任命，逐渐占据湖南全境。此后，接受后梁和后唐的封号。

高季兴所建立的南平，又称荆南，是九国中面积最小、势力最弱的。高季兴先在汴州商人李七郎家为奴，后朱温收李七郎为养子，又收高季兴为养子，高季兴遂成为朱温的亲随牙将，由此逐渐起势。朱温称帝后，任命他为荆南节度使，后分别向后唐和吴称臣，割据一方，始终没有称帝。

前蜀的创建者王建，亦无显赫出身，据说家里是卖饼的，他本人属于少年无赖一族，杀牛、盗驴、贩卖私盐，声名狼藉，被乡里人称为"贼王八"。唐末从军,官至刺史,被大宦官田令孜收为养子,又有护驾僖宗之功,继续升迁。最后,占据川蜀之地,成为一方诸侯,后梁代唐后,自立为皇帝,建立大蜀国。

后蜀的建立者孟知祥,出身不详,显然父祖辈都没有什么显赫经历。孟知祥在李克用手下得到赏识,李克用将侄女嫁给他,也算有贵人相助。升迁至太原尹、北京留守,后唐灭掉前蜀后,派他出任西川节度使,后来他占有了两川。虽然被后唐封为蜀王,他最后还是称帝自立,建立后蜀。

北汉的建立者刘崇的情况又有不同,他是后汉高祖刘知远的弟弟,刘知远称帝后,将镇守河东的重任交给他,出任太原尹、北京留守、河东节度使。在郭威兵变后,他在太原称帝,建立北汉。

南方九国的开国君主与五代的开国君主一样,无一出身贵族和世家,但挂靠的先祖五花八门,令人眼花缭乱。在攀附名门名人的背后,似乎还能看到一丝魏晋南北朝以来门阀士族的痕迹,但其实离那个重视门阀的时代已经不能用渐行渐远来形容了,而是进行了彻底的颠覆,同时大步跨进了新的时代。

"浊流"冲垮"清流"

朱温制造的"白马驿之祸",正是表达了和以往时代的决裂。

这个残忍的事件发生在朱温即位前。为了进一步控制唐昭宗,朱温先杀死昭宗周围残存的数百名宦官,又杀死朝臣和王子数十人。当时朱温身边有一个叫李振的亲信,据说他屡次参加科举考试都没有及第,由此对自诩"清流"的士大夫深恶痛绝。李振趁着朱温谋反之际，鼓动朱温说："他们自认为是清流，看不起那些没有身份的人，那就将他们杀死，再投入黄河，让他们永远变成浊流。"这正符合朱温铲除朝中异己的想法，于是他大开杀戒。天佑二年（公元905年），朱温在滑州白马驿的黄河边杀死30余名大臣，投尸于河中，据说河水为之不流。朱温还勒令其余的一些重臣自杀。

"清流"在占尽了数百年的风流后，终于被"浊流"冲垮。历史也到了改朝换代的时代。

这也是应该引起我们思考的问题：为何科举制在北宋以后始终是中国历代占主导地位的选官制度？为何"田制不立"成为北宋以后占主导地位的土地管理模式？

我曾经在一篇论述唐代门荫制衰落的文章中写了这样一段话：对唐后期出现的"商贾贱类，台隶下品，数月之间，大者上污卿监，小者下辱州县"的社会变化，自诩清流者常大惑不解，极力倡议应鉴清九流，绝侥幸之路。其实，这种社会变化反映了唐后期及五代选官基础的调整，奠定了五代乃至北宋创建者的成分，代表了整个社会发展的趋势。

温柔的告别：文学与艺术

文：宁欣

　　唐朝是诗歌的黄金时代，"万里写入胸怀间"，初唐四杰的诗清丽，李白的诗飘逸，杜甫的诗厚重，白居易的诗平实。

　　宋朝是词的天下。那么，五代十国呢？在从诗向词过渡的年代里，文人如何直抒胸臆呢？

儒衣书服盛于南唐

　　五代虽然是充满暴力与血腥的时代，但文人的创作趋向婉约与温柔。陆游认为这是逃避现实的一种隐晦心理所致。我们只挑五代时期排名靠前的几个词人或诗人来分析。

名气最大的是李煜，"问君能有几多愁，恰似一江春水向东流"，迷倒芸芸众生。南唐立国38年，一共有三主。前主李昪，开国之君，可称一代枭雄，执掌吴国朝政并最终取而代之。李昪胆识、谋略过人，虽然出身微贱，少年从军，文化素养不高，但以文艺自好，设太学，兴科举，广建书院、画院，由此吸引了很多避乱的北方士人，"儒衣书服盛于南唐"，"文物有元和之风"。南唐是一个文化很繁盛的时代，元和是唐后期宪宗的年号，元和时期文风很盛，南唐延续了崇文重学的国风。李昪死后，他的儿子李璟继位。李璟可谓文武兼修，既打破前主李昪的"息兵安民"的国策，主动发动对吴越国的战争，与吴越屡有战事，又有灭亡楚、闽两国的战功，同时又具备较高的文学素养，"时时作为歌诗，皆出入风骚"。著名词人韩熙载、冯延巳都是他的宠臣，一句"小楼吹彻玉笙寒"传诵千古。如果说李璟留下的只是一句词，那么李煜留下的可是一本词集。

钦陵（李昪陵寝）出土的陶彩绘女俑

李璟死后，其子李煜继位。赳赳武夫的祖父已经被温柔儒雅的翩翩少年取代。李煜书法、绘画、音律无不精通，诗和文均有佳作，尤其是凭借作词方面的成就，成为历史名人。五代词人不少，但著名者当首推李煜。他的词流露出末世情怀，弥漫着感伤、颓废、哀怨、悱恻，已经没有创业者的赳赳武夫气魄了。宋代的重文轻武，从南唐三

李煜像

代君主的蜕变来看，其实已经走完了全程。从敢于策划和发动一场不流血政变而最终登上皇帝宝座的宋太祖赵匡胤，到以瘦金体闻名于世的宋徽宗赵佶（jí），历史好像似曾相识，也可以说南唐似乎是浓缩了的北宋，非常值得回味。李煜和赵佶都不以君王业绩闻世，而或以词章，或以书法，虽然登峰造极，但都体现了末世君主的情怀。

公元975年，南唐亡于北宋，李煜被押解到开封，先被封为违命侯，后又被封为陇西公，两年后郁郁而亡，年仅42岁。李煜亡国后所作的词影响最大，流传最广，造诣也最高，看来词就是为咏叹而来。北方的词和南方的词殊途同归，只是北方的节奏似乎慢了半个世纪。李煜传世的词共有30多首，"风流才子，误作人主"，这是后人的评价，他的词风对宋初的文人影响很大。李璟、李煜周围还围拢着一批文人，如冯延巳、韩熙载等，形成"南唐派"。

李煜的词，被誉为中国最美的词。我们来欣赏一二。

如《虞美人》：

春花秋月何时了？往事知多少？小楼昨夜又东风，故国不堪回首月明中。

雕栏玉砌应犹在，只是朱颜改。问君能有几多愁，恰似一江春水向东流。

再如《相见欢》：

> 无言独上西楼，月如钩，寂寞梧桐深院锁清秋。
> 剪不断，理还乱，是离愁，别是一般滋味在心头。

经常有人哀叹李煜生不逢时，造化弄人，做了14年皇帝，成为庸君和亡国之君的典型，却为世人留下了千古名句，将五代词的水平提高到一个新高度。有人说他是合格的翰林学士，不合格的君主。有人甚至认为，南唐的社会文化之盛，在五代十国甚至中国历史上所有的割据政权中都是绝无仅有的。

花间西蜀

与"南唐派"东西呼应的是"西蜀派"。因后人编选了一本词集《花间集》，"西蜀派"又被称为"花间派"，最著名的人物当数温庭筠和韦庄。

温庭筠是晚唐人，公元866年去世，并没有活到五代，却被奉为"花间派"的鼻祖。韦庄（约公元836年—公元910年）晚年入蜀，襄助王建自立为帝，建立前蜀。韦庄前期（即唐亡之前）的作品多写实，影响最大、流传最广的长篇叙事诗是《秦妇吟》，颇有白居易之风。《秦妇吟》通过一位从长安逃难出来的女子即"秦妇"的叙说，描写黄巢起义军与唐军反复争夺长安以及最后被围粮绝的情形。诗作借一位逃难的女子之口对唐末黄巢起义这一历史事件进行了描述，反映了战争给人民带来的深重灾难。全诗情节曲折，结构严密，语言精工，在当时就受到人们的称赞，韦庄也因此得到"秦妇吟秀才"的雅称。同时这也是一首乐府诗，后人把它与汉乐府《孔雀东南飞》、北朝乐府《木兰辞》并称为"乐府三绝"。《秦妇吟》失传1000余年，20世纪初在敦煌藏经洞中被发现，完整的抄本弥足珍贵。"内库烧为锦绣灰，天街踏尽公卿骨"被视为这首长诗的名句。韦庄后期（入蜀10年间）的作品以词为主，是名副其实的"花间派"，词风哀怨而婉约。两个时代居然在一个诗人身上体现得如此泾渭分明。

韦庄最为人称道的诗是《台城》。僖宗广明元年（公元880年），黄巢军队攻陷长安，韦庄于中和二年（公元882年）春从长安逃往洛阳，西登太行，北抵长城，南下扬州、金陵，又经苏州、湖州赴浙东，然后返回卜居地衢州。今存韦庄诗大多作于乱离之后，《台城》即作于逗留金陵期间，诗云：

> 江雨霏霏江草齐，六朝如梦鸟空啼。
> 无情最是台城柳，依旧烟笼十里堤。

此外，韦庄还作过很多思念故国和故乡的词，如《菩萨蛮》组词五首，其中一首云：

> 人人尽说江南好，游人只合江南老。春水碧于天，画船听雨眠。
> 垆边人似月，皓腕凝双雪。未老莫还乡，还乡须断肠。

韦庄寄居他乡，漂泊难归，这种思念的情怀和格调充溢在其作品中，但情感上的痛楚程度没有超过失去国家的李煜，因此这些作品的知名度也就不如李煜的作品。集中在蜀地的文人，他们的词风大体相近。东西相映成趣，也代表了长江上游和下游两地的文化，引领当时的时代潮流。

一个时代的作品，既有相承于前朝的余韵，也有这个时代的痕迹。五代的军阀们致力于争城争地，面临内部军阀的强势与外部契丹的虎视眈眈，扩大势力是他们的首要目标。南方各国，有韦庄这类他乡始终非故乡的流落文人，也有李煜、韩熙载这类醉生梦死、朝不保夕的君臣。随着经济重心向南方转移，文化重心也随之南移，因此五代十国时期，南唐和蜀成为当时文化繁盛之地也是历史的必然。两地山清水秀，物产丰富，人文荟萃，相对稳定，所以文人云集。

绘画成就

五代十国时期的艺术主要是绘画，创作大多在中原、西蜀、江南三地进行。

绘画从唐到宋有一个转型，而五代介于其中，向世俗化和商业化发展，盛行成立画院。不仅是南唐和蜀，就连西北的敦煌，其统治者归义军节度使也在当地成立画院。晚唐五代时期在敦煌开凿了洞窟，窟内的壁画和雕塑展示了这一时期的艺术水平。

最有名的绘画作品是南唐画家顾闳中的《韩熙载夜宴图》，堪称经典。南唐的画家多加入北宋的画院，对北宋的画风应该有很大的影响。

五代十国不仅是由唐到宋的过渡时期，也是一个在文学和艺术上有自己的时代风格和特点、承前启后、有杰出贡献的时代。

故国何须回首：走向统一的道路

文：宁欣

五代十国多个政权并立的"乱局"，最终是被北宋终结的。完成统一大业除了军事上的征服以外，还有其他各方面的进程。这一节我们就来讲讲五代十国的制度演变进程，再概述一下后周谋求统一大业的军事征服过程。

五代十国的制度演变

五代十国是中国历史上最后一个分裂割据时代，一般认为这个时期是唐末藩镇割据局面的延续，后来人们也开始重视这个时期逐渐走向统一的种种趋势。

制度的讲述可粗可细，因为涉及的国家多，所以不可能面面俱到，但这个时期的几个趋势和重要变化值得重视。

一是中央集权的逐渐强化，枢密使权力的扩张。唐朝自玄宗以后，权相、藩镇势力和宦官成为主宰或影响政局的主要因素，如玄宗朝的李林甫、杨国忠，代宗朝的元载，德宗朝的卢杞，昭宗朝的崔胤等。尤其是唐后期，宰相制度从多人为相，共议军国大事，逐渐变成一人独揽大权的模式。但由于唐后期藩镇势力和宦官的崛起，宰相在朝中往往受制于宦官，在外与藩镇势力又有千丝万缕的联系，因此如玄宗朝李林甫、杨国忠那样的权相很少见。德宗朝的卢杞则背负千载骂名。唐末昭宗朝的崔胤还能在朝廷内外发挥作用，主要是借助藩镇力量，依靠朱温。崔胤的宰相生涯几起几落，他虽然借朱温之手铲除了宦官势力，但最终也死于朱温之手。五代君主更代频繁，但基本是大权独揽，对宰相防范很严，甚至有人认为五代不设宰相。北宋通过枢密院、三司等机构分解了宰相的权力，避免出现唐中后期宰相独断的局面。

枢密使一职正式设立于唐宪宗时期，主要负责收阅各方奏表，再将皇帝的旨意传达给宰相执行。枢密使由宦官充任，逐渐成为权势显赫的要职。唐末僖宗和昭宗朝，枢密使实际上已经侵夺了宰相的权力。

五代时期，各王朝对枢密院曾经有改名和废置的举措，如后梁曾将枢密院改名为崇政院，后唐又恢复枢密院之名，后晋曾废置枢密院。但从总体看，枢密院还是一直存在的，机构设置逐步完善，权力逐渐膨胀，发展和演变为最高决策机构。军权和财权也统一掌握在枢密使手里，原来的宰相反倒成为摆设，空挂虚名而已。枢密使不再由宦官担任，而由武臣或文人担任，虽然避免了唐后期宦官专权的弊端，但由于五代经常处于外战与内乱中，枢密使权力扩张的问题并没有得到解决。后周世宗虽然有削弱枢密使权力的想法，但他去世较早，一直到北宋才在制度源头上制约了枢密使的权力。因此，枢密使权力扩张是五代加强中央集权的需要。总的趋势是，枢密使从内朝官逐渐演化为外朝官，枢密院逐渐成为中央决策机构，并具有派遣军队的权力。领兵大将都要受枢密使调遣，甚至有的枢密使还亲自领兵打仗或外出督军，如后唐时的枢密使安重诲，曾督军讨伐四川的军队。在权力逐渐膨胀的过程中，枢密使对君权的威胁也逐渐增大，因此屡屡发生皇帝与枢密使争斗、残杀的事件，一些枢密使因此死于非命。但是，郭威也正是在担任后汉枢密使的职任上取代后汉建立了后周。北宋有前车之鉴，于是将枢密使的权力分割和分散，政务与宰相分掌，军事上只有调兵权而无统兵权了。这种演变虽然不是直线式的，但是在皇权和权臣的博弈中，北宋建立后采取了一系列措施，使军政分立，以保证皇权取得最后的胜利，但也导致战争发生时，将不识兵、兵不识将的弊端。当然这是后话。

二是对地方割据势力的削弱与打击。对已经形成的地方割据势力坚决打击，对反叛者坚决镇压，不允许再出现地方割据的局面。由于面临着契丹的长期侵扰，还有太原势力的

后周太祖郭威像

不断南下，战事频繁，武人担任刺史的情况比较普遍，利用辟署和试摄官控制地方州县的官职。虽然短期内无法彻底解决这些问题，但各朝还是做了不少努力。如改用文人或廉吏担任刺史，这种做法不仅五代各朝有，在南方九国也比较普遍。

再有就是限制或禁止节度使和刺史差遣摄官的权力。大家对摄官的情况可能不太熟悉，我们稍做解释。唐后期以来，节度使和州县官是两个系统，节度使有权辟署他的部下，即幕职官，但州县官是由中央统一选调。节度使权力膨胀后，往往会让自己属下的幕职官以摄官的名义——即临时代理的意思——占据州县的各个官职，中央往往只能被迫承认。五代限制或剥夺节度使和刺史差遣摄官的权力。因此，收回差遣摄官的权力，也是加强中央集权的有效措施。如果再任命文人担任刺史，武人控制地方行政的机会就被限制了，而文人一般不掌握军队，无法形成与中央抗衡的力量。下面我们在谈到选官制度的变化时，还要谈辟署制的变化，这也是削弱藩镇和地方势力的重要举措。

另外，五代时期已经开始设置知州，即由中央派遣文官接替刺史管理州的行政及军事事务，直接听命于中央。一般认为知州是北宋开始建立的制度，但已经有学者研究得知知州制度可以追溯到五代。

三是选官制度的延续与变化。五代的贡举仍然沿袭唐朝的制度，进士科仍然最重，但科举考试并不是每年都举行。明经科已经走向衰落，每年录取的人数极少，还有当年一人及第的情况，成为可有可无的科目。诸科如明法、明算、史科、开元礼、童子科、道举等都有考试与录取的记载，但各个朝代并不统一，各取所需。唐朝很重要的制举，五代则很少举行。十国由于相关材料稀少，我们无法知道全貌，只知道有科举的零星记载，强调了沿用唐制。进士科的录取名额伸缩性比较大，并不像唐朝时每年限额20人。天福十二年（公元947年）后晋录取进士25人，开宝八年（公元975年）南唐录取进士38人。最少时，仅录取数人。

再如辟署制，是唐后期兴起的一项重要的选官制度，主要是藩镇和使职可以自辟幕府僚属，不仅扩大了藩镇的选人用人权，也吸引了大批通过了科举考试，但因为中央官位紧缺，迟迟得不到职位的士人。很多布衣人士、从事工商业的人士，都通过辟署制步入仕途，再通过奏荐制，从中央获得官衔。还有一些人通过铨选、举荐等方式进入职官系统。辟署制的盛行成为藩镇割据的政治基础。五代则限制诸道的辟署权，幕职官尽量归中央授予，一些重要官职由中央控制，限制奏荐名额（主要是府主为幕职官奏衔），无出身的人不得辟署为幕职官，也不得为无出身的人奏荐朝廷授予的官衔。后周更为彻底，索性废止藩镇的奏荐权力，幕职官的出路没有了，地位和吸引力当然也就下降了。应该说，这些循序渐进的举措削弱了藩镇的政治基础，为宋代彻底终结辟署制扫平了障碍，铺平了道路。

四是加强禁军的力量和对地方武装的掌控。五代君主的禁卫军的演变和朝官一样，存在一个由内而外的过程。

白居易《长恨歌》中的"六军不发无奈何"之句，说的是安史之乱爆发后，玄宗携后宫嫔妃等匆忙逃亡四川途中，到马嵬驿时，随从

宋末元初钱选《杨贵妃上马图》

护驾的禁军发生哗变，不肯前行，要求处死酿成叛乱的罪魁祸首杨国忠和杨贵妃。

诗里的"六军"，就是指担任禁军的六支有名号的军队，即左右龙武军、左右神威军、左右羽林军。不同时期，禁军的名号也有变化。唐后期，神策军成为禁军，由宦官掌握，一军独大。五代时，仍然沿用六军的制度，但名号有些变化，军号的数量也有变化，与唐后期的神策军一样，六军成为中央掌控的主要军事力量，不仅担任警卫任务，还出征打仗。而皇帝又逐渐培植了新的亲兵。到后周时，由侍卫马军、侍卫步军（也就是侍卫亲军司）和殿前都指挥使（也就是殿前司）组成皇帝侍卫亲军，即所谓的"两司三衙"，六军制最终退出历史舞台。殿前都点检是殿前司的最高长官，地位高于其他两衙长官，有领兵权。赵匡胤即担任这个职务，在领兵北上出征途中杀了个回马枪，发动陈桥兵变，黄袍加身，建立了北宋王朝。

从唐前期的六军到唐后期的神策军，再到后周的两司（侍卫亲军司和殿前司）、三衙（侍卫亲军马军都指挥使司、侍卫亲军步军都指挥使司和殿前都指挥使司），以及殿前军的崛起，皇帝依靠的禁军（也就是亲卫军）经历了不断整顿和重建的过程，奠定了北宋禁卫军的基本结构。

唐末以来，各地藩镇都有自己的亲军，并控制地方上的武装，类似民兵。五代各朝采取了多种措施，如削弱藩镇和刺史的权力，收编藩镇亲军为禁军，禁止军镇干涉地方事务，将兵器制作的权力收归中央，加强对地方官的选用和考核等。虽然很多问题不能得到彻底解决，但还是取得了一定的成效，这也是各朝为加强中央集权而做出的努力。

十国的情况比较复杂，各国没有相对统一的制度，就不一一叙述了。

分久必合

从分裂走向统一是中国历史发展的大趋势，体现在以下几个方面：

一是自秦始皇建立大一统的王朝以来2000多年间，天下大势正如《三国演义》开篇所说：分久必合，合久必分。

二是人们普遍的心理状态是，统一是正常的，分裂是不正常的。

三是当天下处于分裂状态时，每个有实力的政权的最高理想和最终目的都是完成统一大业，不论是少数民族还是汉族，不论是南方政权还是北方政权。

五代十国正是中国古代结束最后一次分裂割据局面的历史时期。

统一的进程大致可以从后周世宗柴荣的行动开始讲述。

后周时，北方的局面是北有据守太原的北汉，东北有已经崛起的契丹，即辽国；南方有江淮的南唐、江浙的吴越国、川蜀的后蜀、福建的闽、两广的南汉、湖南的楚。后周基本采取的是先内后外、先易后难、先南后北的战略方针。

虽然面临北汉和契丹的威胁和侵扰，但后周还是注重先练好内功，从自身做起。周太祖郭威即位后就下诏禁止各地供奉珍奇物品，厉行节俭，并奖励垦殖，招抚流亡，发展了经济，稳定了社会秩序。周世宗柴荣上台后，雄心勃勃，决心"以十年开拓天下，十年养百姓，十年致太平"，雷厉风行，采取了一系列革除弊政的措施。他精简军队，裁汰老弱，加强训练，提高了军队的战斗力；惩治五代以来形成惯性的骄兵悍将，一次就杀了70多人；采取减免和均定赋税的举措，显贵之家也要按照规定承担赋役；强行抑制佛教，拆毁寺庙，令大量僧尼还俗，收缴上来的铜像及铜制品用来铸造钱币，促进了商品经济的发展；整饬吏治，严惩不法官吏。后周的国力在大练内功的同时逐渐增强，也就有了完成统一大业的底气和心气。周世宗所规划的三个"十年"，正是基于此。

如何实现统一大业，后周两代君主也颇费思量。周世宗令近臣各上《平边策》一篇，征询他们的意见，最后采纳了比部郎中王朴的建议。王朴建议的主旨就是先近后远，先易后难，先南后北。先平定南方诸国，然后再北上进攻契丹，收复被石敬瑭割让的燕云之地，从而完成统一大业。当时最大的威胁来自北方的契丹，契丹与北汉联手，后周虽然有出击，但基本采取战略防守的策略。南方诸国占据经济发达之地，但军事实力远不如后周，攻取比较容易。

周世宗显德二年（公元955年），后周派兵西征后蜀，收复秦、凤、阶、成四州之地，即今甘肃、陕西南部地区，使蜀国失去北边的战略要地，只能龟缩在四川。

从显德二年冬到显德五年（公元958年），后周三次讨伐南唐，占领了梦寐以求的淮南十四州富庶之地，迫使南唐中主李璟，即后主李煜的父亲去掉国号，献表称臣，奉送贡品。

后周有效地解除了南方两翼的威胁，扩大了疆土，增强了实力，于是开始转而向北。

显德六年（公元959年），周世宗柴荣亲率大军征讨契

后周世宗柴荣像

丹，从开封出发，直达沧州，仅42天，兵不血刃，连下三州三关（三州即莫州、瀛州、易州，三关即益津关、瓦桥关、淤口关），共17县之地。三关原是唐朝防御契丹的重要关口，属战略要地，重新夺回意义重大。后周军队一直打到今北京南，准备攻取幽州。遗憾的是，柴荣忽染重病，不得不班师回朝，回到开封后不久，就去世了。如果后周按照柴荣的战略意图和气势，一举攻下幽州，收复燕云十六州，此后的局面可能就完全不同了。周世宗的溘然长逝，可能使历史的发展扭转了本来的方向。然而，历史是无法假设的。

统一大业后来就由宋太祖赵匡胤和他的弟弟宋太宗赵光义继续完成，终于再次实现了全国的统一，历史又进入新的发展阶段。